“十二五”高职高专财经管理类规划教材
小微企业经营管理能力提升系列教材

创业项目财务管理

谭福河　主　编

上海财经大学出版社

图书在版编目(CIP)数据

创业项目财务管理/谭福河主编．—上海：上海财经大学出版社，2015.4
“十二五”高职高专财经管理类规划教材
小微企业经营管理能力提升系列教材
ISBN 978-7-5642-2070-9/F・2070

Ⅰ.①创… Ⅱ.①谭… Ⅲ.①企业管理-项目管理-财务管理-教材
Ⅳ.①F275

中国版本图书馆 CIP 数据核字(2014)第 298833 号

□ 责任编辑 刘晓燕
□ 封面设计 钱宇辰
□ 责任校对 王从远

CHUANGYE XIANGMU CAIWU GUANLI
创 业 项 目 财 务 管 理
谭福河 主 编

上海财经大学出版社出版发行
（上海市武东路 321 号乙 邮编 200434）
网 址：http://www.sufep.com
电子邮箱：webmaster @ sufep.com
全国新华书店经销
同济大学印刷厂印刷
上海景条印刷有限公司装订
2015 年 4 月第 1 版 2015 年 4 月第 1 次印刷

787mm×1092mm 1/16 10 印张 256 千字
印数：0 001—4 000 定价：29.00 元

小微企业经营管理能力提升系列教材

编审委员会

总序

学习成就未来

在广州市职业能力培训指导中心（以下简称“培训指导中心”）与广州番禺职业技术学院的精心筹划之下，“小微企业经营管理能力提升系列教材”成功出版，这是值得祝贺的事。

在创造就业机会、增加税收、技术创新等方面，小微企业扮演着非常重要的角色，更重大的意义在于小微企业所代表的创新、创业精神，这是区域社会经济发展的基础动力。可以说，小微企业的素质决定了区域未来的发展。因此，小微企业的经营管理能力提升不单纯是对企业的自我完善，也对社会具有深远的影响和意义。

小微企业数量多、行业千差万别、经营不稳定、人员结构复杂等的特殊性，决定了对这个群体实施教育提升服务是颇具挑战性的。广州市人力资源和社会保障局积极践行国家、广东省和广州市对帮扶小微企业健康成长的相关政策，结合区域发展特点出台了一系列促进提升小微企业发展能力的政策，搭建了由学校、创业园区、行业大企业、社会服务机构等多方参与的社会化服务平台。本套教材即是广州市人力资源和社会保障局培训指导中心联合广州番禺职业技术学院在搭建小微企业社会化学习平台方面的一个尝试。这套教材的出版仅仅是学习系统中的一个部分。此外，双方在培训项目开发、网络化教学、师资培训、创业教育等方面尚有更多的课题需要攻克。“千里之行，始于足下”，预祝彼此的合作能取得更大成绩，让更多小微企业享受更优质的教育服务。

科技在进步，时代在发展，在知识经济时代，学习是主旋律，不学习就意味着被淘汰。这不是耸人听闻的口号，而应成为当下的警语。众所周知，教材是知识传播的载体。这套教材结合小微企业发展的特点，对该领域的知识内容进行比较系统的梳理与总结，非常有价值。当下各个学习领域都在发生革命性的变化，希望各位编委及项目团队能留意这种变化，在后续工作中大胆尝试、敢于创新，在内容和形式上有更多突破，进一步提升教材的价值，为广州市小微企业学习平台的建设贡献力量！

最后，向编纂教材及提供帮助的各位老师、各位工作人员和社会各界人士表示感谢，同时感谢广州番禺职业技术学院对本项工作的大力支持。

钟丽英

2015年1月1日

前言

创业项目是怀有希望的，也是十分脆弱的，资金管理得好与坏决定着希望能否化为现实，决定着创业团队的生命。

如果资金管理就是记账、算账、编制报表这么简单，创业的失败率会降低很多。许多新生企业在前三年就会倒下，一个重要的因素就是资金管理方面出现重大失误。冰冻三尺，非一日之寒，致命失误的种子早在创业之初就已经埋下。就好似一个生了虫子的苹果，当你看到虫子的时候，里面早就被蛀空了。资金管理方面的不科学、不规范、不道德等因素就是寄生在创业这个苹果中的虫卵。

在资本市场充分发展的时代，创业项目的价值绝不仅仅体现在利润本身，创业项目可以利用的资金也更有选择性。创业者如果要想将自己的项目融入资本市场，就必须有资本的思维和资本管理的能力，从一开始就建立符合创业资本成长规律的秩序与文化。

这就是创业理财，它适合那些渴望创业项目能可持续发展的创业者，相比于传统财务管理知识体系对方法的强调，创业理财更加突出对关系和秩序的管理。

本书秉承的基本原则是：探索用简明的形式总结创业企业资金营运过程中更高层次的知识和学习方法。编者尝试以创业资本活动为主线，融合创业投资、财务管理、公司治理、投资者关系管理等方面的知识，形成符合创业项目特点、适应创业者工作需求的理财管理知识体系。内容包括理财观、会计信息与理财、资金预算、融资、投资者关系管理、资金成本、企业估值等，在强调创业理财基本理念的前提下，突出适合初创期项目理财管理的方法、工具与技术。与创业者管理需求及小微企业发展实际有较大距离的知识，例如创业投资领域中难度较高的企业估值理论、财务管理中的投资决策方法、会计学中的财务报表分析技术等，本书只是有选择地进行概要性介绍。

广州番禺职业技术学院从2009年开始招收创业管理专业（方向）的学生，这门课程是专业核心课。在这些年的教学过程中，对内容及教学方法有过多次调整。实践证明，以创业项目为引领组织本课程的教学更为有效。参加这门课程学习的都是有创业项目的学生，笔者会将教学过程转变为帮助他们解决问题的过程，即根据他们创业过程中出现的资金管理方面的问题来安排教学活动，将学习内容穿插于其中。因为有需求，所以才会投入，教学效果要比单纯地传授知识好很多。

所以，这本书并不强调逻辑性，但这并不意味着知识体系的逻辑性不重要。创业理财是有深厚基础的管理实践，但作为教学活动，还是一个尝试，我们会在今后的教学过程中不断探索、逐渐完善，也诚挚欢迎各位老师、同学及来自各领域的同仁批评指正。

本教材是广州番禺职业技术学院与广州市职业能力培训指导中心联合开发的。在此，谨向给予我们大力支持的广州市人力资源和社会保障局及广州市就业训练中心表示感谢，向为教材编写提出细致意见的陈建成老师表示感谢，向参与本书研讨、为本书编写提供帮助的各位专家、同事表示感谢！

编 者

2015 年 2 月

目　录

第 1 章

创业理财观

渴望财富的心情是相同的，但每个人的财商[①]却各不相同，所以有的人可以富有，有的人只能贫穷，有的人因为财富而受人尊敬，有的人因为财富招来祸患。

是在数钱中死去还是在数钱中成长，这是每个理性创业者都要面对的问题。拜金主义是罪恶的，但不可否认的是，以金钱为代表的物质财富的运动规律是大多数社会组织运行的基础，高尚的价值观并没有脱离金钱，只是建立在更加有序的金钱活动规则之上。同样，健康的企业一定是建立在健康的财富观基础之上。

本章希望通过对如下问题的探讨，建立对企业理财观更深入、更系统的认识。

创业项目的财商是什么？

什么是创业项目的财？

创业项目的财从哪里来，又应该到哪里去？

谁是创业项目的理财人？

有什么方法和工具可以帮助创业者更好地理财？

什么样的理财观更能帮助企业可持续发展？

对初创项目而言，最重要的是去赚钱，理财是下一步的事情，真是这样吗？

1.1 现象与观点

1.1.1 财务管理可有可无

有相当一部分创业者认为在创业之初没必要对财务管理倾注太多的注意力。并不是

① 1999 年 4 月，美国小型公司投资人罗伯特·T.清崎和咨询专家莎伦·L.莱希特两人合著了《富爸爸，穷爸爸》一书，首次提出了财商概念（Financial Intelligence Quotient，FQ）。所谓财商，是指一个人认识金钱和驾驭金钱的能力，是一个人在财务方面的智力，是理财的智慧。它包括两方面的能力：一是正确认识金钱及金钱规律的能力；二是正确应用金钱及金钱规律的能力。

因为他们不看重财富，而是因为自负，这些人认为凭感觉和经验完全可以掌控企业的资金运营状况。事实上，感觉往往是不可靠的。在笔者经营一家培训机构的时候，总感觉这段时间有不少订单，应该会有可观的利润，但最后却根本不是这样。笔者甚至怀疑过销售人员私吞了客户的回款，实际上则是价格政策和成本控制出了问题。以下资料中，A、B两家企业的总资产都是100万元，如果仅看销售情况，B企业要更好，但A企业的资产运营效率更高。

A企业：总资产100万元，销售50万元的产品，主营业务成本25万元，毛利率就为50%，毛利额为25万元，这时总资产周转率为50%。（扣除生产经营等费用5万元，净利润20万元，总资产收益率20%，如果所有者权益为50万元，则财务杠杆为2倍，净资产收益率为40%。）

B企业：总资产也为100万元，年销售100万元产品，主营业务成本90万元，毛利率为10%，毛利额同为10万元，它的总资产周转率为100%。（扣除生产经营等费用5万元，净利润为5万元，总资产收益率是5%，如果所有者权益为50万元，则财务杠杆为2倍，净资产收益率为10%。）

财务管理是一个以货币为单位的、将复杂商业过程简单化的信号系统，人力资源、市场、技术、文化等企业所有的情况都可以通过这个系统去透视和判断。许多新生企业会在前三年倒下，关于破产的原因，多数的解释是从技术和市场的角度进行归纳的，而财务上的资金链断裂仅仅被视为一种结果。

反映资金周转困难程度的指标是企业的现金支付能力，计算公式为：

现金支付能力＝现金和存款的实有数÷(需付工资＋利息＋需付进货款＋应交税金)×100%

这是一个非常简单的公式，但是却经常被忙碌的创业者所忽视，只有在资金捉襟见肘的时候，他们才会意识到问题的严重性，而这个时候已经错过了解决问题最好的时机。现金为王，对于初创项目而言，这句话尤为重要，有现金才有流动性，有流动性才有生命。中国企业在国内贸易中有90%的企业提供赊销①，信用管理的重要性日益增加，在以信用交易为基础的市场环境中，对资金运营的管理需要更科学，否则流动性就会受到影响。

不排除某些人具有超人的感性，但驾驭一个团队事业，理性更有说服力。如何在一个不可预测、瞬息万变、动荡不安的时代缔造一个卓越的企业，《选择卓越》②这本书给出了更贴近现实的回答。最优秀的领导者并不比对比组公司的领导者更具冒险精神、更具远见或更具创造性；他们更恪守纪律，更注重实证检验，更为焦虑；创新本身并不是一张王牌，更重要的是适度创新的能力和将创造性与纪律相结合的能力。财务管理则是企业实证检验的基础。

---

① 2012科法斯中国企业信用风险报告，科法斯是法国一家公司，从事风险管理服务。

② 《选择卓越》，作者是吉姆·柯林斯和莫滕·T. 汉森。在吉姆另外一本书《再造卓越》中，他列出企业衰落的五个阶段：第一阶段是狂妄自大，第二阶段是盲目扩张，第三阶段是漠视危机，第四阶段是寻找救命稻草，第五阶段是被淘汰或死亡。实际上企业生命周期的变化在财务数据上会有直接体现，就好像人的疾病会通过病症表现出来一样。

1.1.2　创业者的孤独

其实每个人都在寻找自己的分身，而正因为找不到，所以每个人都是孤独的。[①] 创业者的孤独并没有什么特别之处，如果过于强调，反倒成了矫情。当创业者哀叹孤独的时候，需要进一步反思自己的伙伴、管理团队、员工是否怀有同样的感受，而这种感受恰恰是创业者带来的。

研究证明技术创新与组织变革是相伴而生的。组织结构作为实现企业经营目标和战略目标而确立的关于内部权力、责任、控制和协调关系的基本形式，它与企业创新特点的匹配程度直接影响企业创新成功与否。

X公司是教育服务领域的新生力量，经过最初几年的艰苦努力，形成了良好的社会声誉与服务作业体系，同时也形成了一套完备的管理制度。企业技术研发、员工考评、财务管理、经营计划等权力和资源集中在负责人一人之手，副总在自己分管的业务范围内也没有决策权。所有的员工需要按照既定规则工作，需要在完成标准工作量的前提下才能获得相关的报酬。一些探索性的项目需要付出很多努力、占用额外的资源、承担失败的风险。为此，有员工建议针对创新型项目设立专门制度，提高组织的灵活性与创新性。譬如降低培训讲师的最低课时量标准，鼓励讲师开发新的培训项目；再如对副总及中层管理者授权，扩大这些管理人员探索的空间。但是，这位负责人却坚持认为：创新就要"看苗浇水"，没必要单独设立什么制度，如果谁有好的想法，可以一事一议、特事特办。但是当有人提出要开发新的项目时，这位负责人就会将这个项目交给执行团队去讨论，执行团队在没有授权的情况下，只能按照既定的规则去评判项目的可行性。结果就是这个项目行不通。

这样的创业者肯定是孤独的，因为他不能消除员工的孤独，所以他只有被孤独。组织结构与制度的背后是企业财富的分配结构，不同的财富分配结构会决定团队创新与创业的热情和能力，会决定企业中的人究竟是负担还是资本。如果企业中的人是资本要素，创业者所拥有的就是伙伴，创业者就不会孤独。[②]

收入水平的提高、技术的进步及教育的发展带来生活方式与工作方式的革命性变化，越来越多的人希望成为合作者而不是雇员，相应带来组织结构、财富管理方式的适应性调整。近些年兴起的内创业(Intrapreneurship)便充分说明这一趋势。内部创业[③]是由一些有创业意向的企业员工发起，在企业的支持下承担企业内部某些业务或工作项目，进行创业并与企业分享成果的创业模式。这种激励方式不仅可以满足员工的创业欲望，同时也能激发企业内部活力，改善内部分配机制，是一种员工和企业双赢的管理制度。2000年底松下启动的"Panasonic Spinup Fund"(松下创业基金，简称PSUF)就是这类内部创业的代表之一。内创业并不是大企业发展的特有现象，国内最近时期涌现出多个以内创业形式发展起来的企业，譬如深圳百果园发展有限公司。

---

① 语出日本作家东野圭吾。东野圭吾的《白夜行》中有这样一段话："我的天空里没有太阳，总是黑夜，但并不暗，因为有东西代替了太阳。虽然没有太阳那么明亮，但对我来说已经足够。凭借着这份光，我便能把黑夜当成白天。我从来就没有太阳，所以不怕失去。"对于创业者来讲，有没有太阳并不重要，重要的是发现那个代替太阳的东西。

② 高玉荣和尹柳营在其文章《组织结构对于企业技术创新的影响》(《科学学研究》，2004年12月)中，分别分析了传统组织结构与无序组织结构对创新行为的影响，并提出基于技术创新的组织结构设计模式。

③ http://finance.sina.com.cn/leadership/20091021/13496865450.shtml，有一种观点认为内创业在中国将成为一种趋势，王冉、徐中在其文章中对比了华为和搜狐的内创业。

1.1.3 创业何以为继

就像多数人希望青春永驻一样，多数创业者梦想基业长青。设备、厂房、现金、技术等可以很快办好移交手续，但很多企业会因为某个人的离去而丧失发展的势头，甚至会倒闭。君子创业垂统，为可继也。[①] 那么，创业何以为继呢？

管仲论

（宋・苏洵）

管仲相桓公，霸诸侯，攘夷狄，终其身齐国富强，诸侯不敢叛。管仲死，竖刁、易牙、开方用，桓公薨于乱，五公子争立，其祸蔓延，讫简公，齐无宁岁。夫功之成，非成于成之日，盖必有所由起；祸之作，不作于作之日，亦必有所由兆。故齐之治也，吾不曰管仲，而曰鲍叔。及其乱也，吾不曰竖刁、易牙、开方，而曰管仲。何则？竖刁、易牙、开方三子，彼固乱人国者，顾其用之者，桓公也。夫有舜而后知放四凶，有仲尼而后知去少正卯。彼桓公何人也？顾其使桓公得用三子者，管仲也。仲之疾也，公问之相。当是时也，吾意以仲且举天下之贤者以对。而其言乃不过曰：竖刁、易牙、开方三子，非人情，不可近而已。

呜呼！仲以为桓公果能不用三子矣乎？仲与桓公处几年矣，亦知桓公之为人矣乎？桓公声不绝于耳，色不绝于目，而非三子者则无以遂其欲。彼其初之所以不用者，徒以有仲焉耳。一日无仲，则三子者可以弹冠而相庆矣。仲以为将死之言可以絷桓公之手足耶？夫齐国不患有三子，而患无仲。有仲，则三子者，三匹夫耳。不然，天下岂少三子之徒哉？虽桓公幸而听仲，诛此三人，而其余者，仲能悉数而去之耶？呜呼！仲可谓不知本者矣。因桓公之问，举天下之贤者以自代，则仲虽死，而齐国未为无仲也。夫何患三子者？不言可也。五伯莫盛于威、文，文公之才，不过桓公，其臣又皆不及仲；灵公之虐，不如孝公之宽厚。文公死，诸侯不敢叛晋，晋习文公之余威，犹得为诸侯之盟主百余年。何者？其君虽不肖，而尚有老成人焉。桓公之薨也，一乱涂地，无惑也，彼独恃一管仲，而仲则死矣。

夫天下未尝无贤者，盖有臣而无君者矣。桓公在焉，而曰天下不复有管仲者，吾不信也。仲之书，有记其将死论鲍叔、宾胥无之为人，且各疏其短。是其心以为数子者皆不足以托国。而又逆知其将死，则其书诞谩不足信也。吾观史鰌，以不能进蘧伯玉，而退弥子瑕，故有身后之谏。萧何且死，举曹参以自代。大臣之用心，固宜如此也。夫国以一人兴，以一人亡。贤者不悲其身之死，而忧其国之衰，故必复有贤者，而后可以死。彼管仲者，何以死哉？[②]

苏洵对管仲的评论，同许多褒扬之辞相反，是对管仲的批评，因为在管仲辞世之后，齐国是小人当道、社稷颓废。一项事业在一个人离开后就失去了继续发展的势头，甚至彻底消失了，“以一人兴，以一人亡”，不能不说是一种悲哀。

世界著名的管理咨询公司埃森哲，曾在26个国家和地区与几十万名企业家交谈。其中79%的企业领导认为，企业家精神对于企业的成功非常重要。埃森哲的研究报告也指出，在全球高级主管心目中，企业家精神是组织健康长寿的基因和要穴。彼得・F. 德鲁克认为：所谓公司的核心竞争力，就是指能干别人根本不能做的事，能在逆境中求得生存和发展，能将市场、客户的价值与制造商、供应商融为一体的特殊能力。企业家精神是企业核心竞争力的唯一真

---

① 语出《孟子・梁惠王下》。垂：流传；统：一脉相承的系统。

② 管仲，春秋时期齐国著名政治家、军事家，辅佐齐桓公完成霸业。三国时期诸葛亮年轻时常自比有管仲之才。

实来源，一个活跃的市场，土地、劳动者、资本等要素只有在具有企业家精神的人手中，才能在复杂多变的竞争环境中发展壮大起来，才会真正成为财富的源泉。遗憾的是，在追逐财富的忙碌中，企业家精神似乎成了留守儿童(the Left-behind Children)。

企业家精神既然是核心资源要素，就不能单单从文化的角度去理解，更应当从资本管理的角度去思考、规划与经营。① 以股权(表决权、分红权)分配为例，如何给各个成员分配股权，是一个非常重要并且要认真考虑的问题。如果某成员的股权太低，他的能动性就无法完全发挥；如果某人的股权太高，那么一旦犯错，代价太高。实际上，一切关于利益和表决权分配的问题，对于小团队来说，都是足以影响全局的大问题。

1.1.4　开放的资本市场

当前中国具有法人资格的中小企业数量1 000多万户，占全国企业总数的 99%，贡献了中国 60%的 GDP、50%的税收，创造了 80%的城镇就业机会。全国工商联调查显示，规模以下的小企业 90%没有与金融机构发生任何借贷关系，小微企业 95%没有与金融机构发生任何借贷关系，中小企业为社会创造的价值与其获得的金融资源明显不匹配。在博鳌亚洲 2013 年年会上发布的《小微企业融资发展报告》指出中国缺少对小微企业的金融服务。

其实，出现这种情况的原因不能简单归结为金融服务的问题。小微企业创业有其自身的特点和融资规律。小微企业群体规模庞大，但成长型小微企业②的比例仅有 10%左右，这部分小微企业经营者更多是借助非正式投资(Informal Investment)③。

但新时代的创业者应该清楚两点：第一，相比于以往，国内为小微企业创业服务的金融机构与金融产品有了很大进步；第二，资本市场之所以会让创业者感到遥远，更多的原因来自创业者对资本市场的不了解。每个人、每个项目、每个企业都处在一个资本网络之中，关键在于经营者能否找到融入其中的路径和方法。马斯特顿创建 OpenIndie.com 的融资方式是一个很好的例子。

大众融资建设电影平台

基兰马斯特顿使用大众融资创建了他的电影平台——OpenIndie.com，他的 OpenIndie 是一个网站，列出各种各样的电影，人们可以找到，并进行分享，马斯特顿估计有抱负的电影人应该是他网站的支持者，因此他用这个主意向他们筹资：投资 100 美元的风险，作为回报，他们的电影出现在这个网站的名单中，100 名制片人对于这个意见表示非常喜欢，马斯特顿筹集了 10 000美元。

天使投资人和风险投资机构选择项目都有自己的标准。风险投资对团队和业务方面的一般要求是：

---

① 这并不是指用金钱去激励团队成员努力工作，而是指企业精神的塑造需要符合经济规律。企业内部的利益驱动要素的相互关系是企业文化形成的条件，企业文化是企业成员之间利益均衡的问题，不仅仅是思想教育。

② 成长型企业是指在较长的时期内(如 3 年以上)，具有持续挖掘未利用资源能力，不同程度地呈现整体扩张态势，未来发展预期良好的企业。成长型企业一般具有的特质是：所处行业具有成长性、产权多元化、专注单一业务、完善的内部约束与激励机制、具有战略视野且行动高效等。

③ 类似于风险投资基金的投融资机构，对投资项目有比较高的要求，大部分初创项目难以获得。非正式投资一般是指来自于创始人(Founder)、家人(Family)、朋友(Friend)、傻瓜(Fool)。

(1)团队:投资就是投人,人是最关键的因素。在商业社会里,人最重要的基本素质是诚信,没有诚信的人,是不会有人投资的。

①能洞察用户需求,对市场极其敏感。

②志存高远并脚踏实地。

③最好是两三个优势互补的人一起创业。

④一定要有技术过硬并能带队伍的技术带头人(互联网项目)。

⑤低成本情况下的快速扩张能力。

⑥履历漂亮的人优先,比如有创业成功经验的人等会加分。

(2)业务:在对的时候做对的事情。

①做最肥的市场,选择自己能做的最大的市场。只有大市场才能造就大企业,小池子养不了大鱼。方向有偏差的话,会浪费宝贵的创业资源。

②选择正确的时间点。市场基本成熟了,企业也已有雏形,引入天使投资后,业务会得到爆炸性增长。

③专注、专注再专注。最好只做一件事情,这样能把事情做到极致。

④业务在小规模下被验证,有机会在某个垂直市场做到数一数二。

当时的 UCWEB① 公司,主要做 UCWEB 手机浏览器,产品做得很好,靠口口相传发展到了近 200 万用户,这个业务做得非常出色。但由于资金紧张,只有 3 个人在维护。为了生存下来,其他的 12 人都在做项目,幸运的是拿下了中国移动的价值千万的手机办公系统项目,有 12 个人在做这个项目,基本可以养活公司。UCWEB 的技术总监梁捷总结最初融资失败主要是由于自己的项目在几个标准上不合要求。

创业团队方面:何小鹏、梁捷是非常好的研发组合,但缺少 CEO 带队;

市场方面:中国移动的大单,对于创业者来说是件大事,基本可以养活自己,略有盈利,但对于想拿上百万美元的风投,这个生意太小了;

业务方面:个人市场和企业市场同时做,很难做好。

UCWEB 做了适时调整,何小鹏邀请了俞永福加入创业团队,出任了 CEO,团队变得完整了;放弃了企业市场,专注在手机浏览器的个人消费市场,目标单一;进一步坚定了做一个大公司的梦想,给了投资者足够的想象空间。这使得 UCWEB 融资成功成为可能。

资本市场从来都是开放的,优秀的融资案例都表明,资本市场青睐那些用心的创业者。校园中的学生创业者似乎习惯了娇宠式的生活,习惯性地等待政策扶持或他人主动关照的金融服务,资本市场对这样的项目永远是大门紧闭的。

1.2 概念

1.2.1 企业价值

企业作为一种特殊的资产,可以交易并形成市场价格。现代企业价值理论的创始人

---

① 2007 年 UC 还蜗居在民居中办公,UC 的初创人何小鹏和梁捷,找到联想寻融资,被决策委员会否决,却打动了时任联想投资副总裁的俞永福,俞永福的加盟给 UC 带来了资本化经营的思维。

欧文・费雪(Irving Fisher)①认为,任何财产或财富的价值均来源于它能够产生货币收入的权利,而这种权利的价值通过对未来预期收入的折现获得。对于确定性条件下的资本投资,投资项目的价值就是其未来预期现金流量采用相应风险利率折现后的现值。如果项目预期的净现值(NPV)大于零,投资可行,反之则不可行。若将建立企业(或并购)看作是投资项目,则该企业的价值是其所能带来的未来预期净收益采用相应风险利率折现后的现值。企业作为一种特殊的商品,其价值具有一般商品的属性,也具有一般商品所没有的属性。它的特殊属性则在于,企业价值强调企业的未来盈利能力是决定现时企业价值的根本要素,而与企业现有的资产负债状况无关。

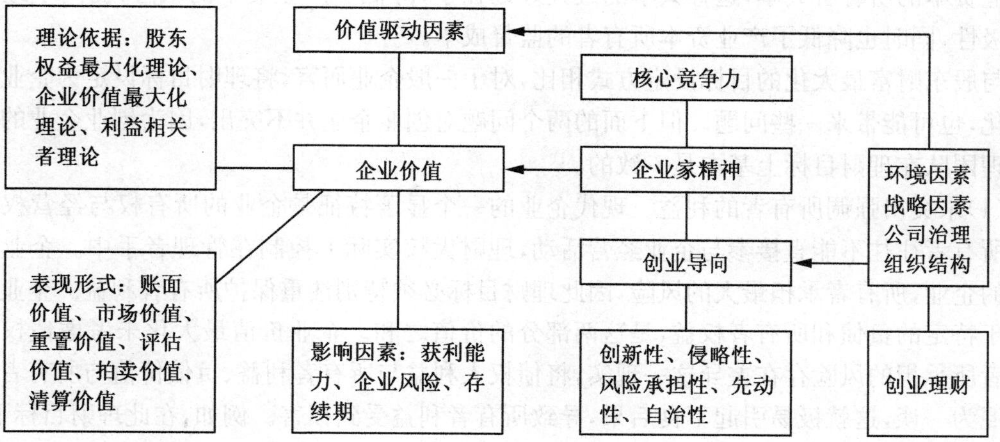

图 1—1　创业理财的概念

影响企业价值的因素包括获利能力、企业风险、存续期、环境因素等。获利能力是企业价值的直接决定因素,直接的表现是企业经营现金流的多少和折现率的高低。折现率的选择就是企业风险大小的评价,一般来说,折现率反映了投资者对企业经营收益的最低要求,是企业选择投资项目的重要标准,在其他条件不变时,折现率越低,企业价值就越高。在使用净现值法对企业进行整体估值时,通常会设定一定的期限 n,对企业在这段存续期的价值进行评估。但是,在实际操作中,由于评估的目的是着眼于企业未来的价值,这时假设企业是永存的,那么除了企业在存续期间的价值外,在存续期 n 结束后,还应考虑企业的持续价值。所以,存续期是一个评估中的技术性因素。

创业企业更适合以企业价值最大化为理财目标。企业理财目标经历了一个较长时间的演变,企业价值最大化与股东财富最大化逐渐得到了大多数人的赞同。企业价值最大化的真正实现,是建立在正确处理企业的各种财务关系②及保证企业长期稳定发展基础之上的。它不仅考虑了股东的利益,使股东财富达到最大,而且充分考虑了其他利害关系人的利益,使他们

---

① 费雪是经济学界的先驱人物。1906 年出版的《资本与收入的性质》完整阐述了资本与收入的关系及资本价值源泉问题,指出资本的价值就是未来收入的折现值。1907 年其专著《利息率:本质、决定及其与经济现象的关系》进一步奠定了价值评估理论的基础。费雪将利息等同于财富,他的名言是:利息不是收入的局部,而是收入的全部。关于企业价值的解释还有其他观点,但费雪提出的论断是现代企业价值理论的主流。

② 企业的财务活动表面上看是钱和物的增减变动,其实,钱与物的增减变动离不开人与人之间的经济利益关系,这就是财务关系,企业理财活动是通过财务关系来体现的。

也得到了利益的最大满足。企业价值最大化目标设定具有两个优点：

(1)更好地体现了财务管理的本质要求。首先，企业价值的大小不是取决于企业在短期行为思想支配下的业绩，而是取决于企业长期发展的积累以及企业未来的发展潜力。其次，企业价值是与企业生存和发展相关的各项因素综合反映的结果。企业价值的大小，不仅与企业当前和未来的盈利能力相关，还与企业的产品开发能力、市场开拓能力、各种资源的运用能力、偿债能力、防范与控制风险能力、社会贡献能力等密切相关。

(2)对完善企业的资本投入机制具有积极作用。一方面，知识资本的投入使企业的创新能力得到加强。另一方面，改变了资本雇佣劳动理论下的企业分配机制，使企业利润由知识资本和产业资本的所有者共享，这种共享的最大好处在于，降低了产业资本的风险，提高了经营者的积极性，同时也降低了产业资本所有者的监督成本。

与股东财富最大化的目标设定方式相比，对于一般企业而言，将理财目标设定为企业价值最大化，也可能带来一些问题。但下面的两个问题对创业企业并不突出，因为创业企业的股东与管理团队在理财目标上基本是一致的。①

(1)未突出强调所有者的利益。现代企业的一个显著特征是企业的所有权与经营权相分离。所有者往往不能直接参与企业经营活动，理财大权实际上控制在管理者手中。企业是所有者的企业，所有者承担最大的风险，因此理财目标必须特别注重保护所有者利益。企业价值对应于特定的负债和所有者权益，是这两部分的价值之和。企业价值最大化未考虑债权人与所有者所承担的风险存在差异这一现实，将债权人利益与所有者利益、负债价值与所有者权益价值混为一谈，这就极易引起不良后果，导致所有者利益受到损害。例如，在此理财目标下，管理者会更加片面地青睐资金成本较低的负债融资方式，而非权益筹资方式(至少在资金成本相同时，管理者认为两种方式无差别)，这样企业价值上升，但企业创造的一部分财富却流向债权人而非所有者，而由增加负债所增加的财务风险却要由所有者来承担，这可能有失公平，也有损于企业的长期发展。

(2)不能处理好积累与分配的关系。强调企业价值最大化，就会片面强调积累，忽视分配。企业管理者往往能影响甚至控制企业的利润分配政策。若将企业价值定义为包括一定数量负债、所有者权益的企业整体在某一时间的公平出售价值，那么对于达到企业价值最大化这一目标来说，不分配利润显然比分配利润要好。若将企业价值定义为企业各期能创造的财富(利润)的现值之和，那么同样地不分配利润更有利于达到企业价值最大化，这是因为不分配利润可增加企业积累，降低风险，增加收入(至少可得到利息收入)。

企业价值有账面价值、市场价值、清算价值、重置价值等多种表现形式。

(1)采用账面价值对企业进行评价是指以会计的历史成本原则为计量依据，按照权责发生制的要求来确认企业价值。企业的财务报告可以提供相关的信息，其中资产负债表最能集中反映公司在某一特定时点的价值状况，揭示企业所掌握的资源、所负担的债务及所有者在企业中的权益，因此资产负债表上各项目的净值，即为公司的账面价值。来自财务报表的净值数据代表的是一种历史成本，它与企业创造未来收益的能力之间的相关性很小或者根本不相关，这与企业价值的内涵不相符合，而且企业存续的时间越长，市场技术进步越快，这种不相关性就越突出。

---

① 创业者既是股东又是管理者，即使有外部投资人进入，投资人获取回报的方式也主要是企业价值增加后带来的股权溢价。

(2)市场价值是指企业预期未来现金流收益以适当的折现率折现的现值。

(3)变现价值是指企业由于破产清算或其他原因,要求在一定期限内将企业或资产变现,在企业清算日预期出售资产可收回的快速变现金额。

(4)重置价值是指在市场上重新建立与其规模、技术水平、生产能力相同的企业需要花费的成本。

企业价值表现为未来预期自由现金流的现值,即基于企业自由现金流(Free Cash Flow to Firm,FCFF)的评估模式。价值驱动因素就是企业价值形成的关键因子(见图1—2)。

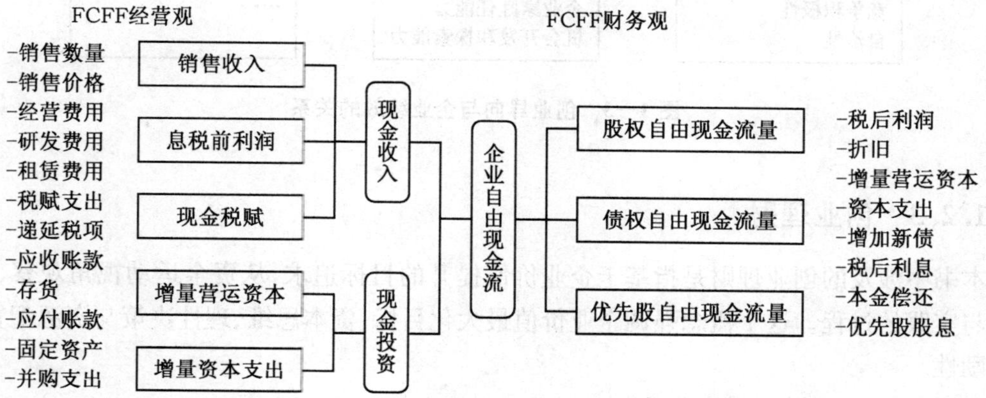

图1—2 FCFF价值驱动

综合考量经营和财务两方面因素,基于FCFF的价值驱动因素有企业存续期、利润率、投资回报率、税负水平、资本成本、销售增长率六个因素。[①]

1.2.2 创业导向

企业家精神集中体现为主动进入新领域的姿态。这种新进入可以是已存在的产品或服务进入新的市场,也可以是新创企业开辟新的业务,也可以是企业内部创业。创业导向(Entrepreneurial Orientation)是创业组织解决问题与响应环境变化的一系列相关活动在管理实务上的具体表征。对创业导向的理解一般从创新性、风险承担性、先动性、竞争积极性和自治性五个维度展开。[②]

(1)创新性表现在新构想的产生、研发活动的活跃以及新产品的推出上,反映了企业追求新机会的重要倾向。

(2)风险承担性是企业管理者愿意将大量资源投入不确定事业的承诺意愿。

(3)先动性是指公司预期未来需求变化所可能带来的机会、而率先采取行动的倾向,具备先动性特点的公司,在掌握新机会上展现出领导者而非跟随者的前瞻性和意志。

(4)竞争积极性的一个重要特征是响应,即采取面对面的形式去直接响应竞争对手,表现出毁灭竞争者(Undo-the-competitors)而非井水不犯河水(Live-and-let-live)的态势。

(5)自治性代表了追求机会时自我导向的能力与意愿。自治性的程度可能因组织的规模、

---

① 关于企业价值驱动因素还有其他的理解,此处观点来自刘淑莲《企业价值评估与价值创造战略研究》(《会计研究》,2004年4月)。

② 对创业导向究竟有多少维度,存在不同的看法,上述五个维度的划分得到比较多的认同。

管理风格或所有权的不同而有所不同。中小企业中，越是创业导向的企业，集权化越突出；创业导向型的大企业则倾向于采取扁平化的组织鼓励内部创业。

如图 1－3 所示，只有经过有效的整合行为，创业导向才能对企业业绩有所贡献。

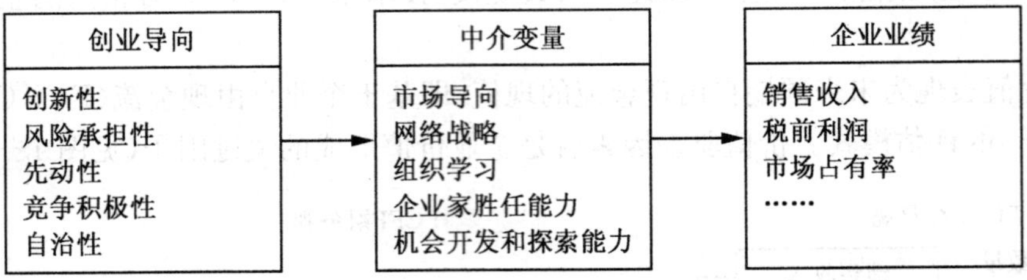

图 1－3　创业导向与企业绩效的关系

1.2.3　创业理财

本书中涉及的创业理财是指基于企业价值提升的目标追求，从资金运动视角观察、判断、决策与实践的过程。这个概念强调企业价值最大化目标、资本思维、理性决策与资源配置结构的激励性。

1.2.3.1　企业价值最大化目标

(1)成功永远属于少数人

创业者希望自己的企业能增值，自己的事业能让更多人从中得到利益，但现实却很残酷，初创项目的死亡率是非常高的，尤其是对于青年创业。硅谷的初创项目死亡率最高达到 50%；20 世纪 90 年代的中关村，初创项目死亡率为 10%，在 2007 年左右死亡率高达 30%；在企业创业 3～5 年以后，大概也只有 25%的企业能够存活下来；从大学生创业情况来看，全世界学生创业成功的比率大概是 10%，中国的水平为 2%，国内大学生创业成功率最高的浙江省也只有 4%。

面对这样的数据，我们应该做何反应呢?

死亡本来就是生命存在的一种形式。一个人面对死亡没有必要避讳，而是由此反思生命的意义。一个创业者也需要正确看待企业的死亡，因为任何企业都难以逃脱宿命，或早或晚而已。目前对初创项目的各类教育、辅导与援助服务与以往相比已经有很多改善，未来应该会更好。但是只要看看类似于美国这样的发达国家初创项目成功的概率，你就会明白，无论社会服务多么健全，初创项目中的大多数仍然会死去。这是不可违背的自然法则，创业成功永远会是稀缺的事情，也正因为这样，创业的魅力才如此诱人。

(2)资本因创业升值

价值判断是基于主体的立场而存在的。对于“我是谁”这个问题的不同回答，意味着不同的视角和期望，对同样一件事情的价值判断也会有所不同。在早期甲骨文中，“我”这个字是“戌”的变形，像一种有锯齿的武器，造字本义是：手持大戌，示威大喊。想象之中似乎能看到一个人手持兵器，在显示对自己权益的捍卫之心。企业是由不同个体构成的，每个人都贡献着特定的资源要素，有钱的出钱，有力的出力，并对企业的经营有特定的要求，专业的说法就是剩余索取权。

资本是价值的一种特殊形式，在不断运动中谋求自身增值的价值，从形态上看，资本可以表现为生产过程中的一切要素，实物的、货币的、虚拟的等，但资本的运动本质上是价值运动，其一般运动形式是：货币(G)－商品(W)－货币(G)。企业资本是由多种资本成分复合而成的，也就是说，企业中有多个“我”的存在，每个“我”都是手持大戉维护着自己的资本权益，每个资本都在运动中谋求增值，例如工人、企业家、投资人、一般管理者等。

所有这些资本元素的运动并不是无序的，将它们融合到一起，并且可能使其增值的力量来自于企业家的努力。创业资本就是以企业家独特禀赋为内核的生产要素。如果将创业企业的价值比喻为一个孩子，那么资本就是它的母亲，企业家就是它的父亲，资本的增值繁育是因为企业家的存在。

资本边际报酬递减规律描述了这一过程。在短期内某些要素投入是难以改变的。所谓短期，指的是至少无法改变某些要素投入的那段时期。其中无法改变投入量的那些要素，我们称之为固定投入。它们的投入之所以在短期固定，并不是因为这种改变完全没有可能，而是因为做出改变的成本实在太高，以至于在短期内没有人愿意这样做。

在短期生产函数中，劳动 L 为可变投入，资本 K 为固定投入，其既定的数量为 Q，因此生产函数可表示为 $Q=F(L,K)$。

表1－1　　总产量、平均产量和边际产量

劳动(L)	总产量(Q)	平均产量(AP)	边际产量(MP)
0	0	0	0
1	50	50	50
2	150	75	100
3	300	100	150
4	400	100	100
5	480	96	80
6	540	90	60
7	580	83	40
8	610	76	30
9	610	68	0
10	580	58	－30

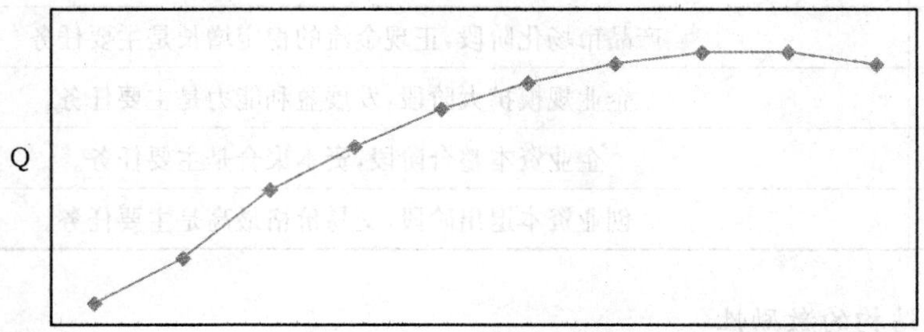

图1－4　总产量曲线

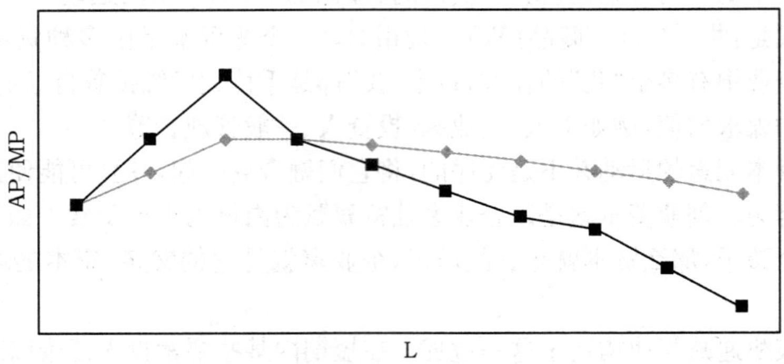

图 1—5 平均产量曲线和边际产量曲线

以上对总产量变动的分析中实际上包含着一个普遍规律:边际生产力递减规律(Law of Diminishing marginal Productivity)。在技术给定和其他要素投入不变的情况下,连续增加 1 单位某一种要素所带来的产量的增量迟早会出现下降(即使在开始阶段可能会上升),这就是边际生产力递减规律,也称之为边际报酬递减规律(Law of Diminishing Marginal Returns)。

因为资本要素在一定阶段以后会出现报酬递减的情况,所以会影响新投资的加入,企业发展会进入萎缩的时期。而正是企业家的创业努力带来了新的变化,将原有的资本效率提高到新的水平。美国经济学家熊彼特认为,企业家是不断在经济结构内部进行"革命突变",对旧的生产方式进行"创造性破坏",实现经济要素创新组合的人。他归纳了实现经济要素新组合(也就是创新)的五种情况:(1)采用一种新产品或一种产品的某种新的特性;(2)采用一种新的生产方法,这种方法是在经验上尚未通过鉴定的;(3)开辟一个新市场;(4)取得或控制原材料(或半成品)的一种新的供应来源;(5)实现一种新的产业组织。企业家的使命就是要让资本突破边际报酬递减的宿命,实现更大的增值,以企业家为代表的创业资本的价值也只有这样才能得以体现。对创业企业而言,资本经营的目标就是创业企业价值最大化。创业资本因为企业家的努力在资本市场会增值。一个小企业的总资产也许只有 10 万元,但投资人可能愿意用 100 万元购买一部分股份。原因就在于创业资本的潜在价值。这就是初创项目进入资本市场的机会。

创业企业价值最大化的意义在发展不同阶段会有所差异(见表 1—2)。

表 1—2 创业资本经营的不同阶段

种子期	创业计划的实验室阶段,实现产业化是主要任务。
导入期	产品市场化阶段,正现金流的稳定增长是主要任务。
扩张期	企业规模扩大阶段,发展盈利能力是主要任务。
集中期	企业资本整合阶段,资本聚合是主要任务。
收获期	创业资本退出阶段,交易价格最高是主要任务。

1.2.3.2 结构的激励性

(1)企业存在的理由

反思企业的成长过程,是否同样遵循上节中提到的历史规律呢?

社会的基本经济单位在经历了原始社会的部落氏族、奴隶社会的奴隶主庄园、封建社会的作坊等形式以后，在资本主义阶段产生了企业这种形式。罗纳德·哈利·科斯(Ronald Harry Coase)在《企业的性质》中关于企业产生的原因给出的解释是迄今为止最能令人信服的。科斯认为当市场交易成本高于企业内部的管理协调成本时，企业便产生了，企业的存在正是为了节约交易费用，即用成本较低的企业内交易代替成本较高的市场交易，企业规模被决定在企业内交易的边际费用等于市场交易的边际费用那一点上。可以说，企业因交易而存在，企业内人与人之间首先是交易关系，正是因为企业能满足个体利益最大化的需求，能够使得个体获得独立工作不能得到的利益，个人才愿意以企业的方式同其他人联合。

19世纪晚期，公司成为经济世界中居于主导地位的企业组织形式。有人这样形容：如果说牛顿为工业革命创造了一把科学的钥匙，瓦特拿着这把钥匙打开工业革命的门，斯密为工业革命缔造了经济法则，那么公司制则为工业化和社会化提供了最优的组织形式。美国法学家尼古拉斯·默里·巴特勒(Nicholas Murray Butler)曾感叹：有限责任公司是现代社会最伟大的发现，即使蒸汽机和电都无法与之媲美。公司制的伟大之处在于它解决了在更大范围将陌生资本结合在一起的问题，为创业者在更大空间的合作提供了平台。

任何企业制度的出现都是结成企业组织形式的独立个体之间博弈的结果，如果企业要持续存在，拥有控制权的企业主必须适应这种自愿交易而达成的契约结构，否则就会失去企业对内部伙伴的吸引力，扼杀企业创新与持续增长的活力。以独资和合伙为基本形式的古典企业，企业所有权与控制权高度集中，企业主事无巨细地控制着一切，企业主的目标就是企业的目标。当企业随着社会经济发展到一定阶段以后，古典企业遭遇严峻挑战。美国杜邦公司历经的组织结构变革过程是一个典型的案例。①

杜邦公司从个人英雄主义式的管理到现代公司制的转变历程是很多古典企业变革的缩影。组织权力与资源的重新分配代表着一种新型的企业结合方式，因为新的方式能够赋予成员更大的获取利益的空间与支持，因此会被认同，杜邦公司才能得以基业长青。

(2)企业的离心力

清华大学姜彦福教授等研究发现，在当今高科技时代，从企业规模的变化来看，同时出现超级大企业不断涌现和众多中小企业激增的现象，大企业的规模变化则是横向规模变大，纵向规模变小。② 现在的中小企业已经不纯粹追求纵向规模的增长，而是更愿意采用战略协作的方式发展。所以从企业管理方式的角度上判断，当代企业规模有变小的趋势。在我国经济转型比较早的广东地区，具有一定资本和市场基础的企业，正在忙于占据价值链的上游，而将部分业务剥离出去，寻找外包服务企业来协作，这些企业也是逐渐在变小。伟大的企业都是在“小”与“大”的辩证发展中成长起来的。

中国有句俗语是“树大分叉，子大分家”。孩子大了，就会有自己的想法，希望更大的生活与发展自由，再将他们拴在身边，只会带来更多矛盾，于是就要分家。财产分配是分家过程中最重要的事情，事关分出去的家庭与被分家庭的未来。但孩子分家以后，不会改变姓氏，不会改变宗族关系，还需要承袭和发展家族的文化，在很多情况下，仍然需要同家族中的其他人一起光耀门庭。所以，分家在很大意义上是家族壮大的手段，而不是解散的征兆。

企业也是如此，到了一定程度，受内外因素的影响，企业就要采取新的组织结构，重新安排

---

① 杜邦公司的组织结构经历了从精英集权式的结构到事业部制，再到股权多元化，正是结构的适应性变化造就了杜邦长久不衰的发展。

② 《高科技时代企业规模的变化趋势》，《中国软科学》，2003年2月。

内部资本要素之间的关系，以充分利用个体自利性的优势焕发创业热情。发生于20世纪中期的经理人革命是要求企业组织结构变化的重要信号。

从管理角度观察，经理是具有强烈趋利性、预见能力、创新能力和组织能力的人，暨南大学教授陈光潮认为：经理是指具有企业家本质特征，在一定环境条件的约束下，最大限度地实现企业家职能并获得显著成效的经营者。现代企业的重要特征是所有权与管理权的分离，职业经理人是体现管理权的核心力量。1932年美国法学家贝利和经济学家米恩斯在其经典著作《现代公司与私人财产》中公布了他们对200家美国最大公司进行的实证研究结果。美国电话电报公司股东人数从1901年的1万人增加到1931年的64.2万余人，30年内增长了60多倍；宾州铁路的股东人数由1902年的2.8万人增加到1931年的24万余人，增加了7.5倍；美国制钢工业的股东人数由1901年的1.5万人增加到1931年的17.4万余人，增加了10倍。此外，他们还发现，在被调查的200家大公司中，绝大部分不是由股东控制的，其中占公司数量的44%、占财产58%的公司是由并未掌握有公司股份的经理人员控制的。由此他们认为股份公司的发展已使它们实现了所有权与控制权的分离（The Separation Between Ownership and Control）。钱德勒[①]对第二次世界大战后美国公司成长情况的调查进一步表明，到1963年，美国200家最大的非金融公司中有169家即84.5%是由经理控制的。200家非金融公司中，没有一家公司的股份被某一家族或某一集团掌握80%以上，没有一家公司是由某一个人所控制。钱德勒的研究表明，到了20世纪50年代，“在美国经济的一些主要部门中，经理式的公司已经成为现代企业的标准形式。在那些现代企业已经取得支配地位的部门中，经理式的资本主义已经压倒了家庭式的资本主义和金融的资本主义”。

随着股份公司规模的扩大和股权的分散，股东对公司的控制日益困难，如何掌控经理人成为一个重要的问题。但是伴随知识经济时代的来临，经理人问题已经不是如此简单了，经理人革命才是真正需要各方关注的。革命就是要取得平等的地位，经理人所特有的，以企业家才能为禀赋的知识资本应该同股东的货币资本具有相当的企业剩余索取权。在货币资本主导的时代，股东似乎在这场革命中占据主动，20世纪90年代，美国曾经出现一个解雇经理的浪潮，IBM、通用、康柏、田纳西科学技术公司、美国快运等先后解雇自己的总经理。但事实证明这种方式无助于逆转历史的潮流。

历史的潮流是什么？是人心所向。

经理人既然凭借企业家才能创造了业绩，既然能在美国被誉为美国社会的原动力，他们的地位和意愿理应得到承认，并上升到制度层面，否则就是对人性的压抑，是违背自由与平等精神的。经理人革命后来的发展证明，能够通过制度创新为经理人的创业热情提供条件和保障的企业才会维持企业的创业能力。而我国国有企业改制的成功应该也是因为从根本上解决了经理人私利性得不到彰显的问题。

1.2.3.3 资本思维

(1)创业投资就在身边

资本的天性是要寻求增值。通过产品经营获得的利润积累是首要的选择，也是创业资本实现在资本市场价值倍增的前提条件。众多企业发展案例表明，从产品经营的“加法式”增长

---

① 阿尔弗雷德·杜邦·钱德勒（Alfred Dupont Chandler Jr.，1918～2007），著名商业史研究专家，有人声称，钱德勒关于企业组织与管理的经济学分析，可以使经济学中的一般均衡理论轰然坍塌，他的成就是任何经济学家都绕不过去的高山。他的代表作是《战略与结构》、《看得见的手》、《规模与范围》。

向资本经营的"乘法式"增长转变是创业资本要经历的过程,这不仅符合企业生命周期的规律,也符合资本寻求增值的天性。

平日见诸报端的成功创业企业,大多有类似亚信①的样子,它们所从事的业务领域具有广阔的市场空间、企业收入高速增长、市场占有位列前茅、人才储备充裕等,类似这样的特征都是资本所追逐的对象。对于大多数初创项目而言,那些光鲜的创业故事也许仅仅是故事,并不具有复制性,因为绝大多数的创业者从事的就是很简单的、看起来没什么新意的、服务于狭小市场区域的小买卖,可能是一个小饭馆,或者是一个杂货铺,或者是服装店,诸如此类而已。

这种类型的企业就是赚口饭吃,同什么资本经营根本无关,与风险投资更是扯不到一起,这是很多人的看法。事实真是如此吗?如果真是这样,那是社会的悲哀。一个对草根创业缺少尊重和理解的社会是没什么现代文明可言的。一个忽视创业苗圃的经济体也注定是个短命鬼。真实的情况是微型创业企业同资本经营息息相关,它们有同资本结合的意愿,更有被资本追逐的机会。

资本运动是多层次的,每一层次的资本有独特的活动范围与活动规律。风险投资关注的是高速成长阶段的具有一定规模的创业企业,天使投资则更倾向于初创期的企业。目前在美国,天使投资占创业投资总量的 40%～50%,大约有 300 万人有过天使投资的经历。我们国家规范的天使投资尚处于起步阶段,但很多专家及业内人士预言中国的天使投资将进入高速发展期。国家及地方政府也正在研究制定引导社会资金建立天使基金的政策。除了天使基金外,民间潜在的投资天使对创业项目的追寻为创业者提供了更现实的支持。2010 年全国城乡居民储蓄存款余额超过 30 万亿元(见图 1－6),而居民可以选择的投资却仍然限于股票、楼市、黄金等传统渠道,表明民间有大规模潜在的投资天使。

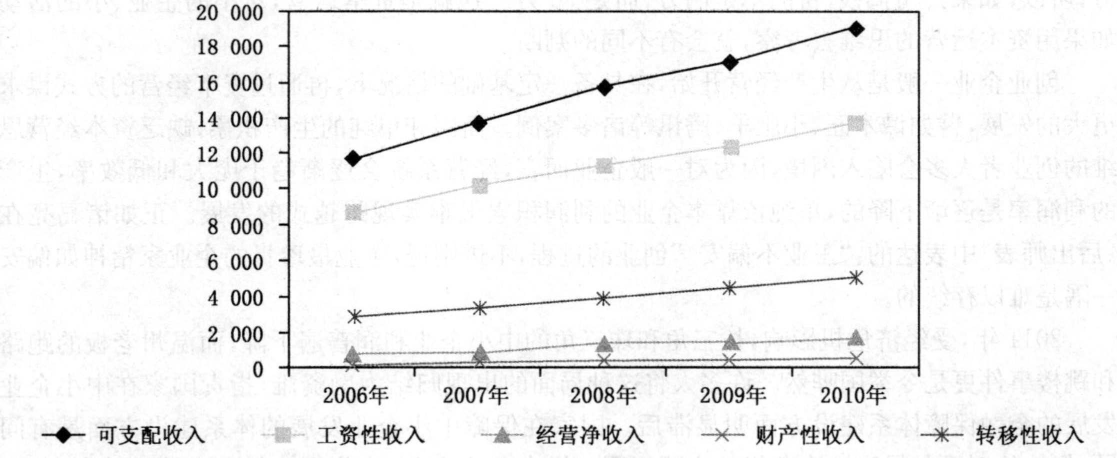

图 1－6 2006－2010 年全国城镇居民收入变化情况(单位:元)

(2)创业的资本经营思维

创业资本经营是要实现企业价值最大化,融资仅仅是资本经营活动中的一项工作,甚至对以内源融资为主要资金来源渠道的企业来说,在特定阶段是不存在对外融资需求的,这是否意

---

① 亚信公司于 1993 年底由几位留学生在美国创立,经历了天使投资、机构投资、基金投资、战略投资几个过程,亚信的成长过程是创业资本经营的经典案例。

味着这些创业者没有必要考虑资本经营的问题呢？

首先需要明确什么是资本经营。资本经营是指以价值化、证券化操作的物化资本为基础，通过流动、收购、兼并、战略联盟、股份回购、企业分立、资产剥离、资产重组、破产重组、债转股、租赁经营、托管经营、参股、控股、交易、转让等各种途径优化配置，提高资本运营效率和效益，以实现最大限度增值目标的经营方式。

表1－3列出了资本经营与生产经营的区别，更简单的概括是：资本经营方式通过资本交易实现增值，生产经营依靠获取销售利润实现增值。生产经营更着眼于当前的利益，资本经营更偏重未来的回报。这些表述让初创项目觉得很遥远，那些在金融市场流行的词汇总是让人感到过于阳春白雪。

表1—3　　资本经营与生产经营的区别

	资本经营	生产经营
对象	资金运动	产品提供过程
目标	企业价值最大	经营利润最大
领域	资本市场	产品市场、生产资源市场
方式	资产剥离、重组、资本聚合等	降低成本、促进销售

让我们看一则来自李嘉诚的故事。有一次李嘉诚请公司客人吃饭，结账的时候，他拿出两万港元埋单。众人不解，便问他为什么自掏腰包。李嘉诚说：这顿饭如果让公司来付账，就多了两万元费用，利润就要减少两万，按照股市平均30倍的市盈率计算，企业价值就减少了60万，所以，如果公司掏钱，付的不是两万，而是60万。这就是资本运营，对小的企业、小的活动如果用资本运营的思维去考察，就会有不同的判断。

创业企业一般是从生产经营开始，在具备一定基础的情况下，再通过资本经营的方式谋求更大的发展，譬如谭木匠、小肥羊、腾讯等诸多案例。而固守单纯的生产积累，缺乏资本经营思维的创业者大多会陷入困境，因为对一般企业而言，经营系统会逐渐趋于庞大和低效率，生产的利润率是逐渐下降的，单纯依靠本企业的利润积累很难实现跨越式的发展。正如诸葛亮在《后出师表》中表达的："王业不偏安。"创业的过程，不进则退，企业最珍贵的企业家精神如偏安一隅是难以存续的。

2011年，受经济危机影响，长三角和珠三角的中小企业利润普遍下降，而温州老板的跑路和跳楼事件更是令举国哗然。许多人将这种局面的出现归结为融资难，指责国家在中小企业发展的金融保障体系建设方面明显滞后。国家在保障中小企业发展的体系建设方面是有问题，但这绝对不是导致这次危机的主要原因。没有危机之前，这些企业都有比较高的利润，这些利润去哪里了呢？有的企业老板可以用上千万买一辆好车，但却不愿意给技术开发人员多加点工资，不愿意更换那些随时可能咬掉工人手指的旧机器。前有车后有辙，凡事自有因果。在企业发展期间不去累积资本增值能力，只知道竭泽而渔，遇到危机了，就要自食其果。可以说这些企业走到穷途末路，就是因为缺少资本经营的思维和远见，总是以企业小、企业需要利润为借口去掩饰极度贪婪的本性。

创业企业需要利润，这毋庸置疑，但这与资本经营并不矛盾。创业企业坚持资本经营，就是要在生产经营的过程中注意依据资本增值的规律培育资本增值能力，形成企业进入资本市场的条件和资格，为企业开辟更广阔的利润增长平台。

相当一部分创业者认为利润才是吸引投资者最重要的力量，只要项目有很好的利润或潜在利润就可以了。这种想法是很多创业企业难以通过资本市场获取发展空间的主要障碍。回报和风险是并行的，而且风险是确定的，而回报却是不确定的。资本运动的起点是资本的结合，资本结合的根基在于信任，而不是利润。创业过程中资本的结合非常类似于斯蒂文森在《金银岛》中讲述的故事。如果只有利润的诱惑，资本在创业探险旅程中走不多远就会分崩离析。成功的案例也说明，人格、责任、诚信等易于建立信任的品质，以及企业所具有的能够被资本接受的特征，例如信息的透明度、决策的科学性、团队的热情、现代企业组织制度等，才是进入资本市场的通行证。

再一次回到我们此前探讨的话题，资本首先要"以人为本"，对于创业者来讲，创业资本价值最大化首先是创业者人力资本价值的最大化。创业者需要视野和远见，在创业之初就形成资本经营的理念和经营风格，在保证利润和现金流的情况下，为未来的跨越式发展做好准备。

1.2.3.4　理性决策

(1)理解偶然性

著名统计学家南丁格尔说：若想了解上帝在想什么，我们就必须学统计学，因为统计学就是在测量它的旨意。被誉为最伟大的统计学家之一的 C.R.劳先生在其《统计与真理——怎样运用偶然性》中说：在理性的基础上，所有的判断都是统计学。

风险来自于不确定性，而在诸多变化之中却隐藏着某些确定的趋势。如果能对周围的事情有更为确切的认知，创业成功的概率就会提高很多。对于创业者而言，决断力非常重要。据麦克思的调查报告[①]，毕业后自主创业的学生认为创业最重要的能力中前三位是口头沟通、谈判、判断与决策，其中判断与决策被认为是最应当提升的。不排除个别人具有超常的直觉能力，但大多数创业者需要在众多偶然性的基础上做出判断。一些人习惯性地运用逻辑推断去安排自己的创业活动，而旧的思维框架容易得出看似合理、实际上却极其荒谬的判断。有一个王子在某领地巡游的时候，看到人群中的一个人长得酷似自己。王子将他招到面前问："你母亲是不是在我的王宫里当过女仆？"那个人回答："没有，但是我父亲曾经在王宫里干过活。"

创业者不合实际的推理过程带来的结果不会仅仅是短暂的尴尬，可能是企业的覆灭。但是大多数创业者在忙忙碌碌中会忽略了数字的意义。他们心里根本没有"算盘"，不会算账，许多初创项目为了节省开支不设立专职会计，企业收入与个人收支也是混到一起。企业亏本了不知道亏在哪里，企业赚钱了也不知道利润区在哪里。

人生是从不充分的证据开始引出完美结论的过程。初创项目充满了不确定性，这就需要创业者学会去理解众多偶然性背后的意义，掌握创业资本运行的轨迹与可能的方向。提升数字管理能力是有效的方法。数字意识不仅仅局限于会计，而是指一种能将经营和数字联系起来考虑，并对其影响进行预测，迅速提出解决方案的能力。

通过数字分析获取商业成功的故事很多，例如雀巢速溶咖啡、沃尔玛超市。

雀巢在购物清单中发现消费者动机

20 世纪 40 年代，当雀巢速溶咖啡这个新产品刚刚投放市场时，厂家自信它会很快取代传统的豆制咖啡而获得成功。因为它的味道和营养成分与豆制咖啡相同而饮用方便，不必再花长时间去煮，也不要再为刷洗煮咖啡的器具而费很大的力气。雀巢为了推销速溶咖啡，就在广告上着力宣传它的这些优点，出乎意料的是，购买者寥寥无几。厂家请调研专家进行研究，先

---

① 麦克思公司每年会发布对大学生就业情况的调查报告，大学生自主创业是一个主题。

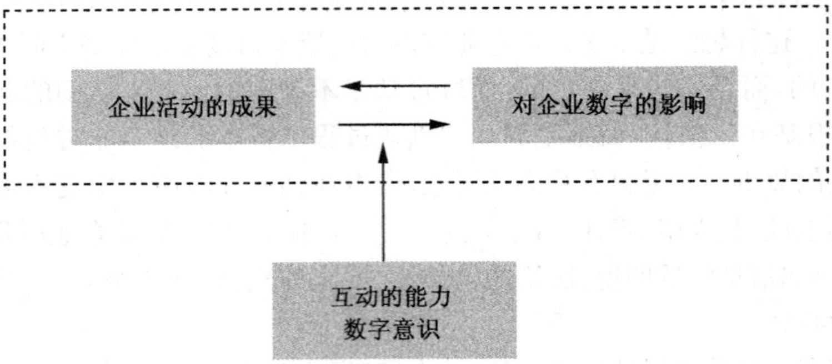

图 1—7 何为数字意识

是用访问问卷直接询问，很多被访的家庭主妇回答说，不愿选购速溶咖啡是因为不喜欢速溶咖啡的味道。

调研专家实施了口味测试，试饮中，主妇们大多辨认不出速溶咖啡和豆制咖啡的味道有什么不同。

调研专家改用了间接的方法对消费者真实的动机进行了调查和研究。他们编制了两种购物单，这两种购物单上的项目，除一张上写的是速溶咖啡，另一张上写的是新鲜咖啡这一项不同之外，其他各项均相同。然后把清单分给两组可比性的家庭主妇，请她们描绘按购物单买东西的家庭主妇是什么样的妇女。看速溶咖啡购货单的那组妇女几乎有一半人说，按这张购货单购物的家庭主妇是个懒惰的、邋遢的、生活没有计划的女人；有 12％的人把她说成是个挥霍浪费的女人；还有 10％的人说她不是一位好妻子。另一组妇女则把按新鲜咖啡购货的妇女，描写成勤俭的、讲究生活的、有经验的和喜欢烹调的主妇。这说明，当时的美国妇女有一种带有偏见的自我意识：作为家庭主妇，担负繁重的家务劳动乃是一种天职，而逃避这种劳动则是偷懒的、值得谴责的行为。速溶咖啡的广告强调的正是速溶咖啡省时、省力的特点，因而并没有给人以好的印象，反而被理解为它帮助了懒人。由此可见，速溶咖啡被人们拒绝，并不是由于它的本身，而是由于人们的动机，即都希望做一名勤劳的、称职的家庭主妇，而不愿做被人和自己所谴责的懒惰、失职的主妇。这就是当时人们的一种潜在的购买动机，这也正是速溶咖啡被拒绝的真正原因。

谜底揭开之后，厂家对产品的包装做了相应的修改，广告不再宣传又快又方便的特点，而是宣传它具有新鲜咖啡所具有的美味、芳香和质地醇厚等特点。结果，速溶咖啡的销路大增，很快成了西方世界最受欢迎的咖啡。

尿布和啤酒的关联在哪里

在美国的超市和靠近妇产医院附近的商店里，竟然将尿布与啤酒放在一个货架上以方便顾客购买，销售统计资料表明，经过这样的摆放调整，尿布和啤酒的销量同时大增。促成美国超市这样调整货架的摆放，以促进销售量增长的原因，就是统计的功劳。国际知名企业沃尔玛公司通过对公司商品的销售量及其数据关联情况的深入分析，发现有大量的顾客在购买尿布的同时，也购买了啤酒，这一发现立即引起了统计分析人员的高度关注。为了弄清真相，他们按照购买顾客的身份和自然情况进行了数据分组分析，发现这些购买尿布同时又购买啤酒的人，80％是年轻的父亲。原来美国的年轻父亲酷爱喝啤酒，他们在按照夫人的吩咐购买尿布的同时，也不忘犒劳自己，也为自己购买了啤酒。

借助统计学的方法提高创业资本运行效率，需要掌握数字，特别是财务方面的数字，更需要理解数字。

(2)日常理性思维训练

理性思维养成是一个长期的过程,不可操之过急。如下方法可资借鉴。

①阅读方法的改进

在知识积累的同时,注意归纳总结,在归纳总结中培养深入分析的能力与系统思考的习惯。

②即时反思

凡事自有因果,如果能够即时反思,或者每日反省,日思日进,对逻辑思维训练很有帮助。

③辩论而非争论

在讨论问题或交流的时候,用建设性的思维习惯。

④学习控制情绪

情感冲动是理性思维最大的障碍。平日注意引导和控制自我情绪,可以采用自我暗示的方式提醒自己。

⑤掌握理性思维方法

可以增加阅读一些逻辑思维方面的书籍,积累理性思维、写作、演讲等方面的技巧。

(3)建立自己的理性思维模型

理性思维的目的是有效解决问题。要有效解决问题,最重要的就是学习,在不断的学习中开发一个模型,用于描述解决问题的过程,然后不断使用这个模型,直到它成为你的一项本能。也许称之为习惯更容易让人理解,大多数时候我们需要的是一种习惯,而不是严谨的模型,或者是将模型转化成我们的习惯。每个人的工作领域不同、性格特点不同、可控资源的规模不同,因此这个模型是因人而异的。由模型到习惯的转化需要一个自我强迫的过程,也就是通过一定的方式提醒、督促自己按照预设的模型去操作。譬如有的人做事情容易冲动,冲动的结果就是让事情更糟糕。为了解决这个问题,让自己更加理性,有人就会给自己带上一条手链,并且提示自己在要冲动的时候就看着手链。再比如有些领导为了改变自己草率决策的问题,会规定自己或团队在每次决策前一定要完成某些规定动作,如征询专家的意见。

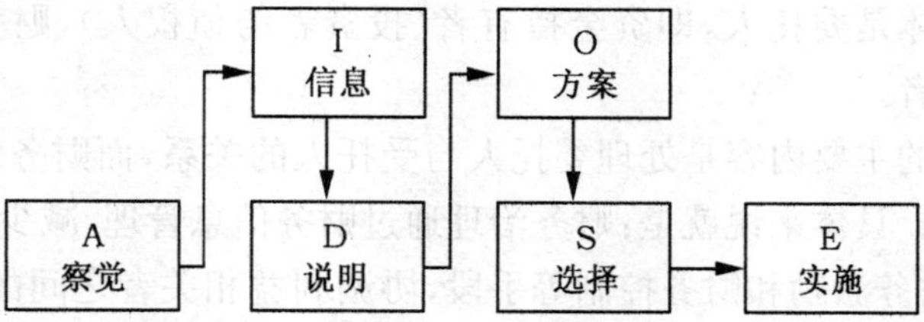

图1—8　解决问题的一般过程模型(AIDOSE)

1.3　方法与工具

1.3.1　企业资金流整合分析模型[①]

企业是价值创造网络中的一个节点,其自身也是一个价值创造网络。在企业这个价值网

① 罗莉:《企业资金流整合分析模型》,《会计之友》,2009年第10期。

络中有物质、资金、人力、信息四种资源，并形成相应的流动：物质流、资金流、人力流、信息流。企业价值创造网络中有业务、信息、管理三个过程。只有当四种资源、三个过程成为有机整体时，才能创造最大价值。企业资金流来自资本市场，在企业的业务过程中转换为各种资源，然后又在物质与服务市场增值后变为资金。对业务过程中资金流的管理有两个层次：财务治理与财务管理。财务治理以资本市场上的关系为导向；财务管理则是基于会计信息系统、对业务过程中资金流的管理。

(1)资金流、财务治理、财务管理

资金流的业务过程由资金提供及获取、管理与使用、收回分配等子过程组成。在资金流上，会计信息系统(AIS)与投资者关系管理(IRM)的信息系统是管理者处理资金流上企业内外关系时提供决策信息的系统。对业务过程的管理有两个层次：治理与管理。

治理关注的焦点是公司内外部的契约网络和外围的动态制度环境。治理存在两类机制，一是外部治理机制，如产品市场、资本市场和劳动力市场等市场机制对企业利益相关者的权力和利益的作用与影响；二是内部治理机制，是企业内部通过组织程序所明确的所有者、董事会和高级经理人员等利益相关者之间的权力分配和制衡关系。①

财务治理与财务管理是对企业价值创造网络中价值创造主体——人的关系及资金流的管理，是对资金流的增值管理和与资金流相关的财务关系处理的完美结合。财务治理与财务管理的关系首先继承了治理与管理间的关系，但它们更具体。

①财务治理是基于资金持有者(投资者、债权人)与企业的关系，而财务管理以资金业务信息为手段对资金资源进行优化配置。

②财务治理是一系列规范和协调利益相关者之间财务冲突的制度安排，基于这些制度安排，对企业财权进行合理配置，在强调相关利益人共同治理的前提下，形成有效的财务激励约束等机制，实现公司财务决策科学化。财务管理通过财务预测、财务决策和财务计划来综合规划企业的财务活动，通过制定利润分配政策来协调债权人、职工、投资者等各方面的关系，对企业的资源进行调控。

③财务治理的主体是委托人，即资金持有者(投资者与债权人)，财务管理的主体是受托人——企业经营管理者。

④财务治理研究的主要内容是处理委托人与受托人的关系，而财务管理研究的主要内容是资金的应用与增值。具体来说就是：财务治理通过财务信息管理，减少各利益相关者之间的信息不对称，并通过财务激励和财务控制等手段，协调利益相关者之间的财务冲突，使各利益相关者之间的利益基本趋向一致。财务管理是从数量层面来分析企业的财务活动，广泛关注以资本营运为中心的资本筹集、资本运用和资本收益分配，追求资本收益的最大化。

(2)企业资金流整合分析模式

由于资金流与物质流、人才流、信息流之间的关系，财务治理是公司治理中最重要的治理

① 治理与管理的差别在于：(1)治理的中心是外部的，管理的中心是内部的；(2)治理是开放系统，管理是封闭系统；(3)治理是战略导向的，管理是任务导向的；(4)治理实施的基础是内外部显性、隐性契约和市场机制，而管理实施的基础是行政权威关系；(5)治理关心的是"公司向何处去"的问题，而管理关心的是"企业如何达到上述目标"的问题。同时治理与管理又是密不可分的，治理和管理都可能直接对业务过程产生影响，但通常情况下治理主要是通过影响管理的方式间接影响业务过程。治理作为基本构架规定了管理的导向和原则，而管理日积月累的微观作用会对治理起到调整作用。

机制，而财务管理是企业管理中的核心。以价值流（资金流）为线索，资本市场及投资者关系（外部环境）、基于投资者关系的财务治理与财务管理、会计信息系统可以成为企业资金流的整合分析模型（如图 1－9 所示）。

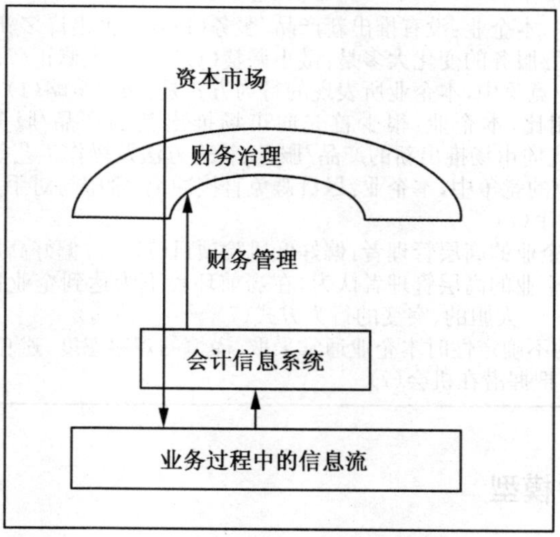

图 1－9　企业资金流整合分析模型

（3）会计信息系统与财务治理、财务管理

财务治理需要利用信息系统提供的信息对企业管理者进行约束和激励，同时该机制还要保证信息系统向股东会、董事会、监事会及外界披露的信息是系统、及时、准确的。财务治理机制主要包括资本市场对财务管理行为的监督。资本市场发挥作用的前提是企业积极地披露信息，企业信息系统提供的信息在资本市场上起着沟通资金提供者和企业、合理配置资金资源的作用。资本市场上的决策者主要是股东和债权人，他们不能直接监督经营者，因此要求公司向他们提供有利于其决策的可靠的信息。因此，财务治理的有效运作和作用发挥，主要依赖于会计信息系统。如果没有可靠、相关的会计信息作支撑，董事会、监事会及外部治理机制的任何决策都可能盲目无效。管理层面上，产生并保证真实可靠信息的系统就是确保企业内部有效运作的自我调控机制。以会计、审计系统为核心的财务管理具有一定的自我调控机制，主要为企业进行有效管理服务，但它也是财务治理机制运行的信息基础。

企业在投融资活动中会涉及企业价值的评估，会计信息是完成这项工作的基础。

1.3.2　创业导向量表

Covin 和 Stevin 开发的创业导向量表（见表 1－4）是目前应用最广泛的量表，大多数其他创业导向量表是基于 Covin-Stevin 量表开发的。Covin-Stevin 量表在不同国家、产业、企业的样本检验下有良好的信度和效度①，在量表适用性方面比较成熟。在此量表中，每个题项都有截然相反的两种陈述，让被调查者在 7 分范围内进行选择。

① 信度和效度是反映量表可靠性和有效性的指标。

表 1—4 Covin-Stevin 开发的创业导向量表

纬度	题项
创新性	1. 总体来说，本企业的高层管理者：注重以产品/服务扩大现有市场(1)——注重以研发、创新提供新的产品/服务(7) 2. 在过去 5 年中，本企业：没有推出新产品/服务(1)——推出许多新产品/服务(7) 3. 在本企业产品/服务的变化大多是：微小调整(1)——重大修正(7)
超前行动	4. 在与同类企业竞争中，本企业所表现的行为方式是：防守策略(1)——先发制人(7) 5. 与竞争对手相比，本企业：很少首先向市场推出新的产品/服务、管理方法及操作工艺等(1)——经常最先向市场推出新的产品/服务、管理方法及操作工艺等(7) 6. 在与同类企业的竞争中，本企业：尽量避免直接冲突，希望与对手和平相处(1)——竞争性强，希望彻底击败对手(7)
风险承担	7. 总体来说，本企业的高层管理者：偏好低风险项目(1)——偏好高风险项目(7) 8. 总体来说，本企业的高层管理者认为，在当前环境下为达到企业目标最好采取：谨慎的、渐进的行为方式(1)——大胆的、突变的行为方式(7) 9. 在面临决策的不确定性时本企业通常采取：谨慎的观察态度，避免高成本决策风险(1)——大胆、积极的态度，把握潜在机会(7)

1.3.3 理财能力模型

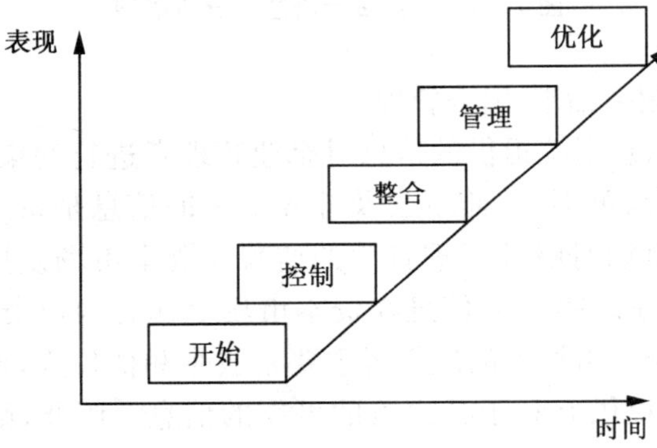

图 1—10 理财能力模型

(1)开始阶段

在这一阶段，一个组织的财务管理面临高度的不确定性，财务管理活动并不是预先安排的。

(2)控制阶段

该阶段组织的重点在于：制定一个控制框架，提供一个稳定的环境，确保控制活动是重复的和持续的，包括财务、经营和管理控制。当这些基本内控如预想的那样运行时，他们将会降低风险，产生完整的、准确的财务和经营数据。

在这个阶段，组织财务部门的首要任务是确保财务系统有足够的控制，能提供准确、完整和及时的财务数据，且对非财务部门提供有效的指导。所以，经营管理者要扮演这样一个角色：达到基本财务管理能力。要做到这一点，需要考虑两个方面，一是在预期结果的基础上制定有现实意义的财务计划；二是估计与经营要求相联系时达到这个结果所花费的成本。

因此，这一阶段的能力标准具有以下特征：组织应当围绕财务系统管理与控制；准备经营财务计划；监督或控制经营财务计划；准备预算报告；筹集款项；根据法定要求出具报告；保证活动如预期那样运行。

(3)整合阶段

该阶段的重点在于财务的角色转换。财务的角色从传统的记分员转化为支持经营管理者，与经营管理者一起的财务工作任务是发展一种既能提供数据又能提供成本—效益控制，以满足对经营管理者有用需求的财务结构，如产品成本信息。在这一阶段，经营管理者必须对他们的财务管理责任有一个深刻的认识，即该阶段的财务管理应是由组织所有成员共同分担的一种责任。

在此阶段能帮助组织的关键财务管理活动是：制定活动和行为的组织标准，在同类组织或单位之间进行评价和比较，且能在财务和非财务数据之间建立联系；连接和整合财务、经营、人力资源和信息系统等；对财务人员和非财务人员提供培训；在生产的不同阶段收集评价数据；协调各职能部门的活动，以支持经营的需要。而在此阶段组织应做的工作有：整合财务经营系统和数据；分担和管理风险；提供关于成本、进度及计划的可靠执行报告；评价产品或服务质量。

(4)管理阶段

该阶段的能力水平由组织管理财务行为的能力决定，这种能力能使组织根据拥有和使用的数量化信息去确定财务和经营因素之间的联系，从而影响既定目标的实现。获取这些信息的所需知识来自于评价和管理组织行为的方法，这些方法有：定义影响成本、质量和传达行为等因素之间的关系；详细评价组织执行情况；评价计划与实际结果之间的差异(如成本、进度和质量等)，并利用这些数量化信息管理有关活动和产品；管理组织的信息资源，利用所需要获取的信息制定正式决策。

在此阶段，能帮助组织的关键财务管理活动有：确定投入与产出质量之间的关系和运用数量化方法表达组织行为的平均水平；运用数量化信息管理和控制经营过程；管理信息资源，支持决策制定者；提供技术分析支持；监督与预期的决策和行为相反的结果；提供足够信息支持决策，以便预先理解潜在的财务含义。

(5)优化阶段

该阶段组织的重点在于不断地改进。管理的作用集中体现在对历史经验的学习上，且对未来要改进和提高的领域有一个明确的认识，这里涉及的活动有：利用技术更新和程序改进，找到使成本最小化、产出或收入最大化的方法；寻找最好的实务，向别的组织学习；放眼外界，确定改进的时机；针对其他同类组织评价组织执行情况并制定战略性的目标；利用技术创新和程序提高效率并巩固产出质量；提供可以影响组织行为的内外部参与性变化的预期信息，且为管理这些因素制定战略性的对策。在此阶段，帮助组织的财务管理活动有：制定战略性的改进目标；提供战略性的预期信息；分析和预防质量问题；通过程序改进和技术创新优化财务管理。

一般情况下，对该模型的运用可分以下三步进行：首先，预测组织所需要的财务管理能力；然后，评估它的实际能力水平；最后，为解决要求的财务管理能力与实际的财务管理能力之间的差异提供指导。

对该模型的运用可进一步发展与丰富，具体步骤如下：

第一步，组织应分析如何制定财务管理目标，这些目标应与组织的中层管理者相联系，因为中层管理者对确定组织的目的和方向，以及评估组织的财务及非财务风险起着关键性的作用。分析的目的在于解决以下三个问题：

①组织面临哪些财务风险，哪一种必须被控制？

②组织需要哪些财务信息以满足内控核算要求？

③需要哪些财务信息支持它的经营政策？

第二步，为组织制定一个完整的管理控制框架，其中包括决定组织所需要的且与财务部门的责任相称的财务管理能力。一旦已制定的财务管理要求在整个管理控制框架内，组织的管理将明确可能存在的风险且评估这些风险的可接受性。当认为这些风险不能接受时，应重新考虑它的财务管理要求和能力。

第三步，制定组织执行财务管理的框架。这一步涉及监督活动和行为，这些活动须确保已制定的财务管理要求和财务管理能力处于平衡状态，适应组织的风险控制需要。关键在于：任何从监督中明确的差异必须得到解决，如根据组织的要求修正风险分析或财务管理框架等。

本章总结

基本概念

财富、资金运动、财富观、财商、财务管理、现金支付能力、企业自由现金流、信用交易、内创业、企业家精神、资本市场、价值驱动因素、创业导向、资本思维、理性、企业资金链整合模型、企业价值、账面价值、市场价值、清算价值、重置价值、折现率、利率

思考题

(1)为什么创业企业容易忽视理财问题？

(2)很多创业人将资金链断裂视为自己创业失败的原因，你是如何理解的？

(3)有的创业企业在积累一定财富后会有更大的发展，而有的则走向死亡，是什么原因造成这种差别？

(4)越来越普遍的信用交易给企业的资金管理带来什么影响？

(5)创造性同纪律是相矛盾的吗？

(6)创业者的孤独来自哪里？

(7)企业对于财富的分配方式对企业的创新与创业能力有何影响？

(8)团队的企业家精神来自哪里？

(9)对你身边的资本市场有多少了解？目前的市场为初创项目融资提供了哪些选择？

(10)依据理财能力模型的思路，初创项目理财工作的重点是什么？

第2章

会计信息——投资者的潜水眼罩

成熟期企业的所有者和经营者一般是分离的，财务管理的职能往往由专业管理机构或管理者代理执行。而企业初创之时，一般是创业者直接管理，财务管理的职能也最终由其承担。会计工作以货币为语言描述企业系统，该环节可使表面上杂乱无章、千头万绪的创业工作变得条理清晰，还可以深刻检讨经营管理活动中的各种弊端。创业者掌握基础的会计知识主要是为了达到以下四个目的：一是深入理解企业运营状况，做出科学决策；二是了解基本的财务活动，合理配置资金；三是了解基本的财务关系，正确处理收益分配、工资以及福利等关系；四是实行严格的财务监督，认真审查费用开支，及时采取措施堵塞浪费，从而保证初创项目经营活动的顺利进行。

在对创业失败的讨论中，创业者不懂财务知识被认为是一个重要的原因。而真正的问题在于创业者不懂哪方面的财务知识。在关注产品、市场、社会关系等方面的同时，初创项目的引领者需要密切关注企业系统的结构合理性及发展趋势。众多初创项目失败的经历表明，崩溃来自资金运动同其他环节运动的脱节，譬如业务发展太快，但资金跟不上。[①] 如能成为财务专家当然更好，但更重要的是能借助会计信息透析企业系统的本质，对企业经营体系的状况做出科学、合理的判断。

本章希望通过对如下问题的探讨，提升创业者深入理解企业经营系统的能力，为做出科学的理财决策提供帮助。

是否有一些数字特征能够解释企业运行系统运行的情况？它们是什么？

会计信息是如何形成的？会计信息对创业决策有何意义？

创业者对会计信息应当如何阅读？

如何阅读财务报表？

---

① http://www.leiphone.com/20121114-chibop-17-company-lose.html，17家中国初创项目的失败史。

2.1 关于企业系统的关键数字

下面是一则网上流传的小故事，多数人认为故事中的人都没有损失，真是这样吗？

在一个小镇上有一家旅馆。一天，从外地来了一位有钱的旅客，他进了这家旅馆，拿出一张1 000元钞票放在柜台，提出想先看看房间，挑一间合适的过夜。就在此人上楼的时候，店主抓起了这张1 000元钞票，跑到隔壁屠户那里支付了他欠的肉钱。屠夫有了1 000元，横过马路付清了猪农的猪本钱。猪农拿了1 000元，出去付了他欠的饲料款。那个卖饲料的店家，拿到1 000元后赶忙去付清此前拖欠伙计阿三的工资。有了1 000元，阿三冲到旅馆付了他所欠的房钱。旅馆店主忙把这1 000元放到柜台上，以免旅客下楼时起疑。此时那人正下楼来，拿起1 000元，声称没一间满意的，他把钱收进口袋，离开了这家旅馆。这一天，没有人生产了什么东西，也没有人得到什么东西，可全镇的债务都清了，大家很开心。

单从现金变化来看，店主没有损失什么，似乎自始至终都是旅客的1 000元在转来转去，看不出来店主在这段时间里多支付了现金。繁杂的表象往往淹没了理性思维形成的路径。实际上，旅馆的资产减少了1 000元，同时负债也减少了1 000元，可以理解为用一笔应收款递减了一笔应付款。表现在资产负债表上，就是企业的总资产减少了1 000元，或者说企业控制的资源总量缩减了1 000元，而企业的价值与企业可以控制的资源总量有密切关联。

2.1.1 企业系统

数字对于决策者的意义是分层次的，从创业资本经营管理的角度，那些能揭示资本运行系统特征的数字需要重点去关注。任何系统的运行都会产生一系列的信息，但能够表征系统运行总体状态的往往只有关键的几个信息点。譬如要全面描述汽车行驶过程中的状态需要的数字很多，但却没有必要这样做，对大多数人来讲，只需要关注仪表盘上的几个关键数值就可以了。

事物普遍存在相互对立的两种属性，恰如阴阳文化阐述的哲理。阴阳相反相成是事物发生、发展、变化的动因。在企业运行过程中，有资金的来源，也有资金的运用，资金运用的量超过资金流入的量，便会出现资金不足，甚至引起破产；资金流入的量超过资金运用的量，便会有一部分资金停留下来，长期如此就会造成闲置浪费。在一个企业有多种产品的时候，不同产品的利润贡献是有差异的，有的产品也许只会带来损失。创业者需要通过对每类产品销售市场份额及成长性的把握去识别哪些是金牛，哪些是瘦狗。如果不能清晰地判断和行动，金牛也许会被瘦狗拖累致死。①

企业系统总体上的流入有资金、信息、人员、土地等资源要素，反映了企业提供产品的生产能力。企业系统总体上的流出有产品、损失、声誉等运行结果，反映了企业系统的转化能力。企业系统的内部的部门及个人都是一个系统，也存在流入与流出的问题。企业与社会上其他部门之间，及企业内部各个子系统之间，本质上来讲是供给和需求的关系。供给和需求两种力量的对比影响交易的价格，从而对企业系统运行的状态形成影响。

所以，把握企业系统运行过程中不同层次的供给与需求总量数据，就能对企业的基本状况

① 波士顿矩阵依据相对市场份额和成长性，将企业业务分为金牛、瘦狗、明星、问题四类。

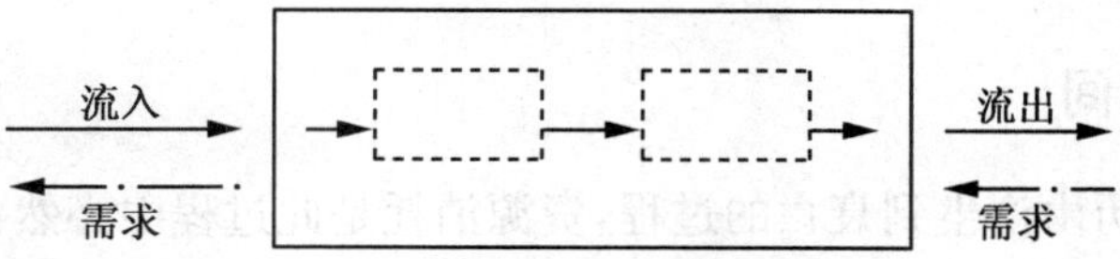

图 2—1　系统的基本结构

有更清晰的判断。而最具有概括意义的语言便是资金，或者是货币的形式。因为信息、人员、土地、设备等要素或成果都可以用货币的形式进行表示。

著名学者大前研一[①]在其《新企业战略》中有这样一个题目。工资分别为 20 万日元、30 万日元、40 万日元的三个人开了 5 个小时的营业会议。这家公司的人均实际工作时间为 180 小时/月，人力资源费用为月工资的 1.5 倍，用于会议的费用是多少呢？假设公司的毛利率为 30％，目标劳动分配率[②]为 50％，用于收回会议费用的销售额是多少呢？

首先计算 5 小时需要多少人力资源费用：

(20 万日元＋30 万日元＋40 万日元)×1.5＝135 万日元

135 万日元÷180 小时＝7 500日元/小时

7 500日元/小时×5 小时＝3.75 万日元

开 5 小时会议需要花费 3.75 万日元的人力资源费用，为赚取这些人力资源费用的毛利为：

3.75 万日元/目标劳动分配率(50％)＝7.5 万日元。因为毛利率为 30％，所以为赚取 7.5 万日元需要产生的销售额是 7.5 万日元/毛利率(30％)＝25 万日元。

参照这样的方法，可以用货币计量的形式表达一次会议的影响。管理者据此可以推断是否要控制会议的总量，减少那些不必要的会议。如果有条件，创业者需要尽可能掌握详尽的数据，关于经济形势、消费动态、客户市场、利率等方面的数据对企业的合理决策都会有所帮助。但把握几个能够揭示企业运行状况的总量数据对于初创项目更为现实。

表 2—1　　创业者需要关注的基本指标

投入	产出
剩余时间[③] 产品或服务的生产能力 资金 劳动量	声誉 销售额 知识 利润 净现金流量
市场价值、生产能力[④]	

① 日本著名管理学者，他在《思考的技术》中提出思考力将决定成就的大小，在其《新企业战略》中非常强调数字意识对经营的作用。

② 劳动分配率可以理解为毛利中分配给劳动者部分的比率。

③ 在既定的资源组合结构下，创业者可以利用的时间是最珍贵的，在给定的时间内如果不能完成特定的项目，企业就难以进入下一个生命时段，恰如一场比赛，时间到了，一切就都结束了，很多高水平的选手不是因为技术差，而是因为在特定的时间内没有做好该做的事情。

④ 声誉、销售额、经验、团队忠诚、利润、净现金流量等都是一种过渡性质的指标，真正体现结果的是企业价值能否因为前期的经营得到延长，企业的生产能力是否因为前期的经营得到增加。

2.1.2 剩余时间

任何系统都要经历由产生到衰亡的过程,资源消耗是此过程中必然存在的。在短期内,企业人力资源、资金、设施、知识等资源要素的组合结构难以有所调整,当某项或某几项资源消耗以后,如果没有及时的补充,企业就难以存续。譬如,在支付各类费用以后,流动资金会越来越少,如果没有新的资金流入,企业就会因为不能支付而陷入困境。再如,可用的劳动总量在一定时期也是固定的,劳动的投入转化为商品价值,如果商品价值不能顺利地在市场上实现,企业支付劳动者报酬的能力就会越来越弱,可以利用的劳动总量就会越来越少。

烧钱率(Burn Rate)是一个重要的指标,它是指一个企业消耗现金的速度,通常以每月消耗的现金额度来衡量,也可以用每星期甚至每天的现金消耗额度来度量。假设烧钱率是稳定的,当手里全部现金全部用光的时候,就是企业生命终结的时候,所以:

剩余时间=现金持有量/烧钱率

如果将创业活动比喻成一场比赛,在剩余的时间里,创业者必须赢得比赛,否则就会丧失晋级的机会。因此,创业者要清晰地认识企业发展的时间轨迹,知道企业当前处于什么阶段,大概需要多久能产生更充沛的现金流或能有外部资金注入,从而合理安排企业发展的速度与节奏。

多数新产品(服务)的接受模式遵循着一种分布规律,在接受周期中,早期和晚期顾客都很少,多数顾客在中期接受(见图 2—2)。在最初的阶段(A、B 两个时期)只有少数顾客,C 是被早期大多数接受的阶段,通常,将产品和服务卖给早期的接受者相对容易,但要过渡到早期大众接受阶段却很难。著名营销顾问欧弗瑞·穆尔称之为"跨越鸿沟"。初创项目如果能顺利跨越这道鸿沟,企业价值一般就会有很大提升。

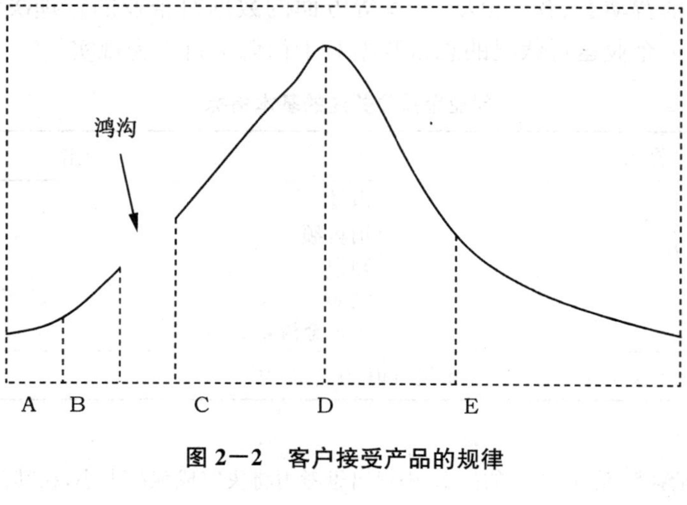

图 2—2 客户接受产品的规律

2.1.3 生产能力

生产能力是指在既定的组织技术条件下企业所能生产的产品数量。生产能力的计量单位有三种。

(1)以产量为计量单位

如家电企业以生产家电产品的台数来计量，农户以农产品的产量来计量。

(2)以原材料处理量为计量单位

如炼油企业以一年加工处理原油的吨位来表示生产能力，垃圾处理厂以回收处理垃圾的吨位计量垃圾处理能力。

(3)以投入量为计量单位

有些企业如果以产出量计量它的生产能力，则会使人感到不确切，不易把握。如发电厂，年发电量几十亿度电，巨大的天文数字不易比较、判断，还不如用装机容量来计量更方便。这种情况在服务业中更为普遍，如航空公司以飞机座位数量为计量单位，而不以运送的客流量为计量单位；医院以病床数而不是以诊疗的病人数来计量；零售商店以营业面积，或者标准柜台数来计量，而不能用接受服务的顾客数；电话局以交换机容量表示，而不用接通电话的次数。

生产能力利用率是指一定时期内实际产量与生产能力的比值，它从现有生产能力利用程度的角度来衡量发展质量状况。

$$生产能力利用率=实际产量/生产能力\times 100\%$$

该指标越接近百分之百，说明生产能力利用越充分，实际产出与潜在产出之差越小，发展质量越高；反之，说明有部分生产能力被闲置，实际发展速度小于潜在发展速度，发展质量有待提高。但是最大的生产能力并不意味着最大的获取回报的能力，因为在产量最大的情况下，往往也是服务最差的时候。在保证客户满意的情况下的最大生产能力才具有更重要的意义。

没有市场需求的商品生产，是不能实现最终交易的生产，因此与企业生产能力相联系的另外一个重要数字是市场容量。市场容量是指在不考虑产品价格或供应商的策略的前提下市场在一定时期内能够吸纳某种产品或劳务的单位数目。市场容量是由使用价值需求总量和可支配货币总量两大因素构成的。仅有使用价值需求没有可支配货币的消费群体，是贫困的消费群体；仅有可支配货币没有使用价值需求的消费群体是持币待购群体或十分富裕的群体。这两种现象均被称为因消费要件不足而不能实现的市场容量。

在特定的时空范围内，与个体发展密切关联的某些变量是给定的。企业可以开发的市场空间在一定条件下也是确定的，从而决定了企业能够达到的极限。“命虽受之天地，短长有本，顺理则寿考，逆理则夭折，是以有动作礼义威仪之法则，以定此命，言有法，则命之长短得定，无法，则夭折无恒也。”[①]创业者需要清楚自己要去开发的市场空间究竟有多大容量，以便合理安排资源投入与运营计划，这是在顺应环境要求下的积极举动。而有相当一些创业者对自己的“命”并不清楚，或者是对容量很小的市场倾注很大的热情，或者是在市场还有很大空间可以去作为的时候就开始偃旗息鼓。顺逆之间亦有道，首先需要的就是对趋势做出判断，对初创项目来说，首先就是要把握市场容量这个数字，才能做到进退有度。

市场容量的测定是调查研究、综合分析和计算推断的过程。一个完整的市场预测，一般包括下面几个步骤：

① 确定预测目的。进行一项预测，首先必须明确预测的目的，即为什么要进行这项预测，它要解决什么问题。预测目的直接影响着预测内容、规模以及预测方法的选择等一系列工作。只有目的明确，才能使预测工作有的放矢，避免盲目性。

---

① 《左传·成十三年》有言：民受天地之中以生，所谓命也。是以有动作礼义威仪之则，以定命也。后有人对这两句话的注释是：“命虽受之天地，短长有本，顺理则寿考，逆理则夭折，是以有动作礼义威仪之法则，以定此命，言有法，则命之长短得定，无法，则夭折无恒也。”

② 收集、整理和分析资料。资料是预测的基础，收集什么资料，是由预测的目的确定的。对所收集到的资料要进行认真的审核，对不完整和不适用的资料要进行必要的调整。对经过审核和调整的资料，还要进行初步分析，观察资料结构的性质，作为选择适当预测方法的依据。

③ 选择适当的方法。必须从市场实际出发，根据预测目的和资料占有情况，选择有效的预测方法。有时选择一种，有时也可以将几种方法结合起来，相互验证预测的结果，以提高预测的准确性。

④ 进行预测。根据已经选定的预测方法，利用所掌握的资料，就可以具体地计算、研究，做出定性或定量分析，推测与判断未来市场的发展方向和发展趋势。

⑤ 分析预测误差。预测误差是预测值和实际值之间的差额。预测误差的大小，反映预测的准确程度。

⑥ 确定预测值，提出正式预测报告。预测人员对预测结果进行必要的评价、修正后确定预测值，并以书面形式反映预测结果。

预测市场容量的常用方法主要有：

①连锁比率法。就是对与某产品的市场潜量相关的几个因素进行连锁相乘，即通过对几个相关因素的综合考虑，进行预测。

②购买力指数法。购买力指数就是对家庭收入、家庭户数、地区零售额等加权平均后，得出的一个标准系数。购买力指数是一个相对数，只有用全部潜在需求量乘以购买力指数，才能得到某地区的潜在需求量。

③类比法。也叫比较类推法，包括历史类推和横断比较两种预测方法。历史类推是一种用当前的情况和历史上发生过的类似情况进行比较来推测市场行情的方法。横断比较就是对同一时期内某国或某地区某项产品的市场情况与其他国家或地区的情况相比较，然后测量这些国家或地区的市场潜量。

④销售人员意见综合法。这是一个最为简单的预测方法，它要求各销售区域的销售人员，做出每个销售区域的销售预测，然后进行汇总，求出总的销售潜量。

⑤购买者意图调查法。这一方法就是采用各种手段，直接向购买者了解其购买意图。如果购买者有清晰的意图，而且愿意付诸实施，这一方法是非常有效的。

⑥行业调查法。行业调查是指对某特定行业内各家公司的调查。这类调查可能是针对用户，也可能是针对制造商。

⑦专家意见法。这种方法是由专门人员，特别是那些比较熟悉业务、能预见业务趋势的主管人员，集思广益，进行判断，做出预测，这是一个快速而简便的方法。为了提高预测的准确性，可以在预测前向专家提供经济形势和业务情况的资料，并组织他们讨论，然后将各种意见进行综合考虑，最后做出结论。

⑧趋势预测法。该方法是将历史资料和数据，按时间先后次序排列，根据其发展的规律，来推测未来市场的发展方向和变动程度。

⑨移动平均法。它是趋势预测法的一个基本方法。就是从时间序列的第一个数值开始，按一定项数求序列平均数，逐项移动，边移动边平均。

⑩指数平滑法。它是对过去的资料用平滑系数进行预测的一种方法。它允许预测人员对最近期的观察值给予最大的权数，对较远的观察值给予递减的加权数，而不是给所有的数据以同等的重要性。

⑪回归预测法。就是测定因变量与自变量之间的关系，建立表达两种关系的数学模型，通

过模型取得预测值。

2.1.4　劳动量

劳动量的投入，尤其是具有企业家禀赋特征的劳动投入，是创业企业价值创造的主要来源。劳动量的度量有两种简单的方法可供参考。

①以消耗的时间来度量

劳动都需要消耗一定的时间，企业可用的劳动总量就是劳动力可以提供的劳动时间的加总。企业计划的产出应该同可以利用的劳动时间匹配起来，即使采用加班或其他高强度的形式，如果生产计划中对劳动时间的利用超过了劳动量的实际水平，计划能否得到落实也是一个疑问。

②以支付的工资度量

劳动是可以购买的，工资是劳动消耗的反映，因此可以用支付的工资去度量。企业可以支付的工资总额同可以利用的劳动量在特定的市场背景下，有确切的换算关系。也许有些创业者认为，自己可以不用拿薪水就会夜以继日地工作。这样的创业者需要清楚，大多数人不会怀有这样的热情。在股权奖励承诺还不具有诱惑力的情况下，工资是保证劳动量的基本手段。

2.1.5　声誉

声誉是企业宝贵的财富，同时也是企业在资本市场的通行证。员工、股东、客户、社区、政府、公益组织等方面对企业都会有所评价，但最为根本的，也最能反映问题的评价来自于客户。市场占有率和客户忠诚度是能体现企业声誉的两个重要指标。

市场占有率也被称为市场份额，是指一个企业的销售量(或销售额)在市场同类产品中所占的比重，直接反映企业所提供的商品和劳务对消费者和用户的满足程度，表明企业的商品在市场上所处的地位。

随着互联网和信息技术的迅猛发展，你的客户距你的竞争者仅点击一下鼠标之遥。“客户就是上帝”的时代真正开始了，“以客户为中心”的口号不仅仅是时尚，也日渐成为现实。客户逐渐成为交易规则的制定者，客户不仅仅靠脚投票，而且靠手投票。客户资本是指企业与业务往来者之间的组织关系的价值，是客户与企业保持业务往来关系的可能性，其价值一般从客户类型、客户忠诚度、客户角色、客户支持和客户成功等方面进行衡量。投资者越来越习惯于将客户支持率作为衡量公司价值的重要指标，可以说，你的公司的价值将由你的客户支持率来决定。

客户忠诚是指客户对某种产品品牌或公司的信赖、维护和希望重复购买的一种行为倾向。客户忠诚包含重复购买与心理依赖两方面的特征。对客户忠诚的测量，一般从以下方面进行。

①客户重复购买率

即客户对某产品或某品牌重复购买的次数。

②客户需求满足率

即客户购买某产品的支出占其对该类产品全部需求的比例。

③客户对本品牌的关注程度

客户通过购买或非购买的形式对品牌予以关注的次数、渠道和信息越多，表明忠诚度越高。

④客户对竞争品牌的关注程度

客户对竞争品牌的关注程度越高，意味着客户流失的可能性越大。

⑤客户对产品价格的敏感度

对客户喜爱和信赖的产品，客户对其价格变动的承受力较强，其购买行为较少受到价格波动的影响，即客户对价格的敏感度低；相反，对客户不喜欢或缺少信赖的产品，客户对价格变动的承受力较弱，一旦价格上涨，客户就会立刻减少购买行为，即客户对价格的敏感度高。

⑥客户购买的选择时间

客户购买产品都会经历挑选这一过程，如果客户对企业的忠诚度较低，客户往往会拿出较多的时间去比较与权衡，相反，如果客户信赖企业，选择的时间就会较少。

⑦客户对产品质量事故的承受力

关系是需要经受考验的。客户对产品质量事故的承受力代表着客户对企业犯错误的包容性及对企业解决问题能力的信任，客户这方面的承受力越强，说明客户与企业之间的关系越稳固。

社会资本代表了行为主体借助社会网络获取利益的能力，它由一些抽象的、难以量化的概念构成，譬如社会网络、信任、规范等。初创项目社会资本的规模，体现为项目可以利用的网络中的资源总量，这是企业声誉最重要的存在证明。曾经有这样一名商人，他会经常写信给自己的一些朋友去借钱，即使他不缺钱的时候也会这样。在弥留之际，他告诉自己的接班人，一定要在银行账户以外，再建立一个信用账户，他以前之所以经常会在自己有钱的时候也去借钱，主要是要测试一下自己可以动用的信用账户中有多少额度，如此便可以更大胆地去做一些事情。整合资源的能力被认为是创业者独特禀赋的重要体现之一，如果目光仅仅局限于企业内部的有限资源，这样的创业者是难以有所建树的。所谓“吃着碗里的，看着锅里的，想着田里的”，对于创业者而言，碗里的东西好比企业内部的资源，而锅里的资源和田里的资源则是可以动用的社会资源。

社会资本并不像企业资源那样，用一套会计系统可以计量。关于社会资本总量的掌握，社会学家布尔迪厄的表述提供了很好的视角。布尔迪厄认为，特定行动者占有的社会资本的数量，依赖于行动者可以利用的联系网络规模的大小，依赖于和他有联系的每个人以自己的权力所占有的资本数量的大小。布尔迪厄还认为，社会资本的生产是人们在交往中时间、精力和经济资源投入的过程。

参照这个思路，掌握社会资本规模方面的数字，可以通过两种方法。[①]

第一种是评价可以利用的关系人的规模及关系人所拥有的资源的规模。譬如企业家 A 有 3 个朋友，这 3 个人占有的资源分别是 3 万元、5 万元和 10 万元，那么 A 的社会资本总量就是 18 万元。当然，这是最简单、最直接的算法，如果能够使用一些专业的算法，则能够做到更加科学。

第二种方法是计算企业在开发社会资本方面的投入，从投入的角度去推测可以利用的社会资本的规模。能够体现开发社会资本投入的支出主要是公关费用，同时还需要考虑时间方面的投入。

---

① 此处仅仅介绍了测量的简单思路，关于社会资本测量，在赵延东、罗家德的文章《如何测量社会资本：一个经验研究综述》(《国外社会科学》，2005 年第 2 期)中有概括。

2.1.6　知识[①]

在与周围事物的接触中，人们会形成一些概念，就是对事物特征直接的、概括性的认识。这些概念如同档案一样寄存在我们的记忆系统。记忆系统中的概念并不是孤立储存的，某些概念之间会被联系起来，形成对事物更全面和深刻的描述，这就是知识。知识的建立让我们拥有认识新问题的基础，对提高认识和解决问题的效率具有很大帮助，一个经典的解释就是学习曲线(见图 2—3)。大多数的创业行为都是发生在创业者相对熟悉的领域，在很大程度上说明，人们在给定领域内占有的知识越多，就越有可能在这个领域内识别到机会。[②] 所以，投资人在评价一个项目是否具有增长潜力的时候，经验、管理制度、操作流程、技术成果等能够体现知识占有情况的指标是要受到格外关注的。

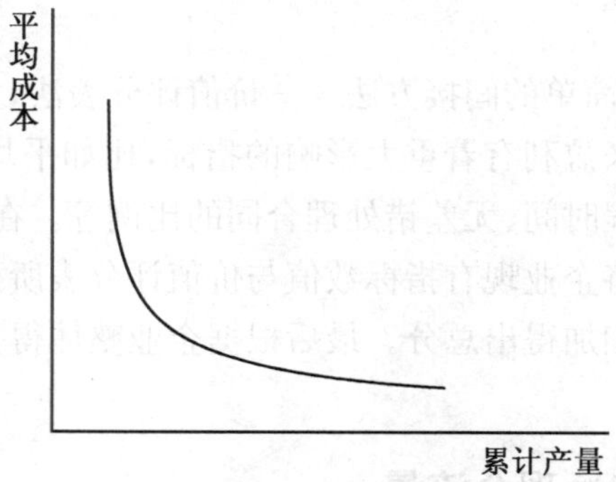

图 2—3　学习曲线

知识是具有变革影响力的因素。如果给一辆赛车装上一部家用轿车的发动机，比赛成绩肯定会很糟糕，如果给一辆自行车配备汽车发动机，结果会更糟。创业战略的目标、实现方式及运行节奏如果超出企业所拥有的知识水平，创业也许只能是空想。如果创业在构想与实践方面不能跟上企业知识提升的水平，也有可能带来一系列问题，譬如人员的流失、工作积极性的下降、创新能力衰退等。斯威比[③]在其《知识探戈——管理与测量知识资本的艺术》中提出知识组织中权力斗争的问题。斯威比认为知识组织中的权力争斗主要发生在两类知识的传承之间，一类是专业知识的传承，一类是组织知识的传承(见图 2—4)。

知识之间为何会争斗呢？因为在企业中，知识是一种资本，是一种渴望流动与增值的力量。知识资本与其他任何类型的资本一样，在选择伙伴时，"门当户对"是基本的原则。

对知识总量的把握需要重点关注人力资本与结构性知识资本两类内容。对人力资本的度量主要有两种方法，第一种是从人力资本开发投入角度，计算企业在人员招募、训练及素质提升等方面的投入，以此作为人力资本的价值；第二种方法是依据人力资本未来创造的价值，采用适当的方法将其折算到当期，作为人力资本价值。结构性资本是企业的组织结构、组织文化、制度规范等。

---

① 以知识创新和知识溢出为背景的创业行为被称为知识型创业。此处强调的是创业过程的学习行为，它是知识型创业的基础活动。

② 大学生在校内进行创业实践的项目大多缺少新意，更多的项目是以满足校内市场的商贸服务类为主，究其原因也是因为知识缺乏带来的思维局限。

③ 卡尔·艾瑞克·斯威比，瑞典人，被誉为现代知识管理奠基之父。

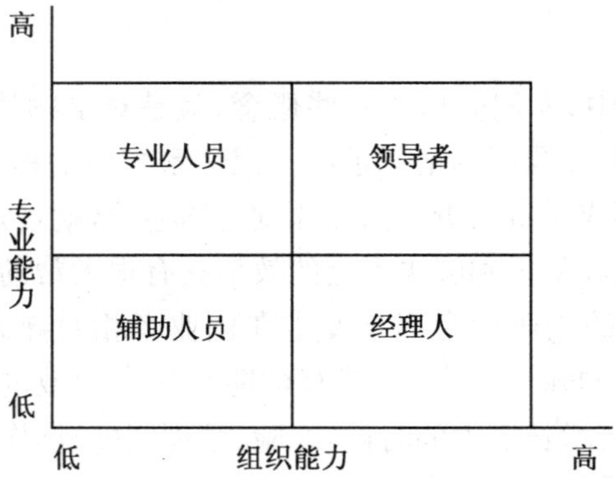

图 2—4 组织中的知识资本

初创项目可以遵循一种简单的间接方法——价值评分表法。首先设计出一些与企业组织结构功能相关,并对企业未来盈利有着重大影响的指标,比如平均每位员工的管理费支出、信息技术的应用能力、作业流程时间、无差错处理合同的比例等。在这个基础上对每项指标给出一个参照值。进行评分时,将企业现有指标数值与价值评分表所列指标的参照值相比较,算出每一个指标应得分数,然后相加得出总分。最后根据企业整体得分情况,对结构性资本运行情况做出判断。

2.1.7 销售、利润和净现金流量

利润是企业的经营成果:

利润=销售收入—成本费用—税收支付

利润是体现盈利能力的基本指标,也是投资人和创业者普遍关注的内容,因为资本的回报主要依靠利润。对创业项目而言,未来获取利润的能力和机会更为重要。在发展初期的高利润往往意味着融资需求的增加,会增加系统运行的风险,无论是过快的销售增长,还是过于严厉的成本控制,都可能为企业未来盈利体系的健康运行埋下祸根。

净现金流是保证企业生存下去的基本前提,净现金流基本的计算方式是:

净现金流量=现金流入量—现金流出量

流动性是企业生命的体现,在周而复始的运行中,企业完成了市场、人力资源、技术等方面的工作,也许利润很薄,甚至没有利润,但对于初创项目来说,这个过程培育了未来的价值。

维持现金流循环,保证创业过程能持续推进,也就是做好图 2—5 中方框内部的循环过程,对创业企业更为重要。

2.2 会计信息的生成过程

2.2.1 会计信息的意义

会计以货币为语言刻画企业资金运动过程。会计信息生成过程一般要经过设置账户和账簿、填制和审核会计凭证、复式记账、成本计算、财产清查、编制会计报表、检查、考核、分析等环

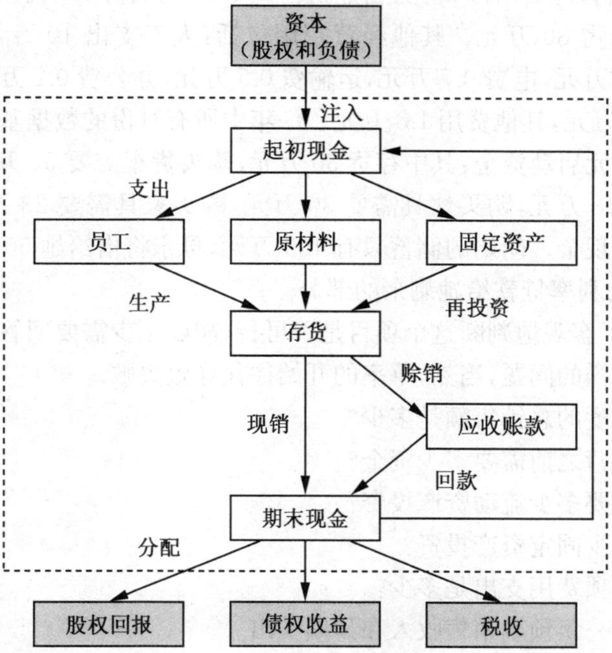

图 2—5　企业现金流动

节。创业者需要掌握如何利用会计信息的技术才能做出科学的判断和合理的决策。

胡娟今年 25 岁。她的母亲经营一家建筑公司，父亲经营一个私人音乐学校。读高中期间，胡娟是校学生会主席。通过学生会的活动，她接触到了蓝色咖啡屋，这个咖啡屋在该市某旅游景点成功地进行着特许经营。在蓝色咖啡屋，胡娟在所有部门都工作过，还与员工和经理们讨论过业务，因此她体验并掌握了经营咖啡屋的诀窍，并获得相应的资质证书。

几年后，胡娟读大学了，她主修信息和通信技术，辅修小型宾馆管理。在学校要求的暑期实践活动中，她为多家小型宾馆设计和实施了信息系统，并获得 SIFE 中国区总决赛的第一名。毕业后胡娟在一家四星级宾馆工作过一段时间，接着她申请并获准经营进步咖啡屋。这家咖啡屋租用了某写字楼的底层和草地。

胡娟基于早期对该咖啡屋的了解，以及与相关人士的探讨，已知晓下列信息：进步咖啡屋在获得市政府营业执照后，由一名女士经营了十年左右。这位女士后来成立了一家公司，为当地的超市加工食品，最近还移民到外国定居。

进步咖啡屋的空间非常宽敞。她的目标顾客是该写字楼的办公人员（约3 000人）及另外3 000多名居民。一些顾客只是路过，另一些则在那座写字楼附近的企业里工作。咖啡屋早上7:00 开门营业，晚上 22:00 关门，每天大概接待顾客 900 余人。咖啡屋向附近的居民提供直接配送业务、外卖服务及直接服务（自助服务和服务员服务）。在这个商业区内还有其他四家咖啡屋。第一家由于空间太小，显得非常拥挤；第二家是一家国际特许经营店，价位很高；第三家位于隔壁建筑的第三层；而第四家则位于后街，并且该咖啡屋没有设置座位。目前，进步咖啡屋已经占据了该区域 15%的市场份额。

进步咖啡屋每年创造的净利润达 120 万元。从毛利中扣除 23%的所得税之后，每月的平均净利润为 10 万元。所有销售均是现金交易。每月的项目和食品支出以及其他直接费用占销售额的50%，经营、管理费用占28%，营业税占5%，净利润占17%。每月的销售额高达60万元，项目/食品支出占30万元。其他经营费用包括：人工支出10万元，租金2万元，水费0.45万元，电话费0.6万元，电费0.7万元，运输费0.5万元，办公费0.2万元，维修和清洁费0.8万元，还贷利息0.45万元，其他费用1.3万元。一年中所有月份的数据基本固定不变。咖啡屋重新开张需要200万元启动资金：其中存货30万元，购买货车需要55万元，购买库房需要25万元，购买餐具需要18万元，购买炊具需要30万元，购买家具需要23万元，5万元用于开业前准备，预留14万元现金。胡娟的储蓄只有100万元，母亲将借给她50万元，无须偿还利息，而银行也将以10%的利率贷款给她剩余的部分。

善终者慎始，为了客观地判断这个项目是否可行，胡娟至少需要回答如下问题。有些人不愿意或不懂得回答这样的问题，当然，草率的开始往往导致失败。

①胡娟每月和年度的总销售额是多少？

②咖啡屋开始经营之前需要多少资金？

③经营咖啡屋需要多少流动资产投资？

④咖啡屋需要多少固定资产投资？

⑤咖啡屋每月各项费用支出是多少？

⑥列出咖啡屋第一年预期销售收入和预期支出。

⑦第一年年终，进步咖啡屋持有多少现金？

⑧列出咖啡屋第一年的现金预算。

⑨列出咖啡屋第一年的预期利润表。

⑩列出咖啡屋第一年的预期资产负债表。

语言是沟通的基本工具。现代创业投资活动的基础是社会资本[①]，沟通是形成社会资本最基本的活动。创业者需要让投资者理解自己的商业项目，并且需要将经营活动向投资人汇报。会计常常被人们称为“商业语言”。这种语言用货币作为基本符号，计量企业经营活动，处理、加工这些经济信息，并用报表的形式进行反映，同时将处理结果传递给决策者。因为有了这种语言，一个投资者也许并不明白某类业务的具体操作，但同样可以对这个领域的企业运营有全面的认识和判断，譬如这个企业是否盈利、投入是多大、主要成本项目是什么、投资回报是多少、资产结构是什么样子、现金流是否充沛等。

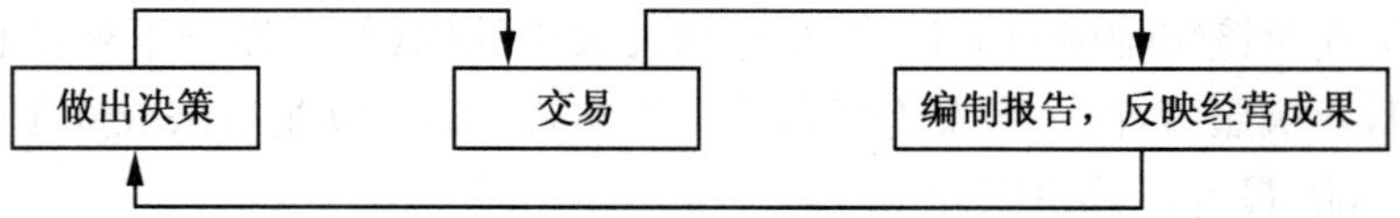

图2—6　会计信息流

《中华人民共和国公司法》第一百六十六条规定：有限责任公司应当依照公司章程规定的期限将财务会计报告送交各股东。投资者主要是据此判断企业的经营状况。虽然未必要精通这门语言，但必要的学习是有意义的。在《富爸爸财务自由之路》中，富爸爸认为：财务报表就是潜水眼罩，有了它，你就能洞悉现象掩盖下的真实状况，或者说，财务报表就像超人的X光

---

① 以往的企业投资大多来自熟人，企业组织形式以合伙制为主；而现代资本市场的发展创造了陌生人之间进行资本合作的方式与机会，鼓励公司制的组织形式。

眼，借助它，一个有理财知识的人能透过建筑物的混凝土墙，直接看到它的内部结构，而不用进入到内部。①

诚信是商业领域的黄金准则，也是会计工作要恪守的基本原则，背离商业诚信，创业投资的路将会越走越窄。每个企业会计工作的灵活性要以统一的会计法规为基础。《中华人民共和国会计法》第八条规定：国家实行统一的会计制度。国家统一的会计制度由国务院财政部门依法制定并公布。

在企业初创期，有些创业者对会计工作不是很重视，会计制度不健全，会计核算不规范，会计资料来源不完整、不真实，这不仅危及企业财务安全，而且有可能由此丧失发展的机会。

2.2.2　所有者权益

《企业会计制度》对所有者权益的定义是：所有者在企业资产中享有的经济利益，其金额为资产减去负债后的余额。② 企业的经营目的就是通过收入增加企业的所有者权益。所有者权益也是体现投资人利益的主要内容，企业资金流入与流出活动最终都要与所有者权益联系起来，只有这样才能体现出某种资金活动的意义。从这一角度来说，会计信息系统实际上就是将各类资金活动的影响与所有者权益变动相关联的工具（见图2—7）。

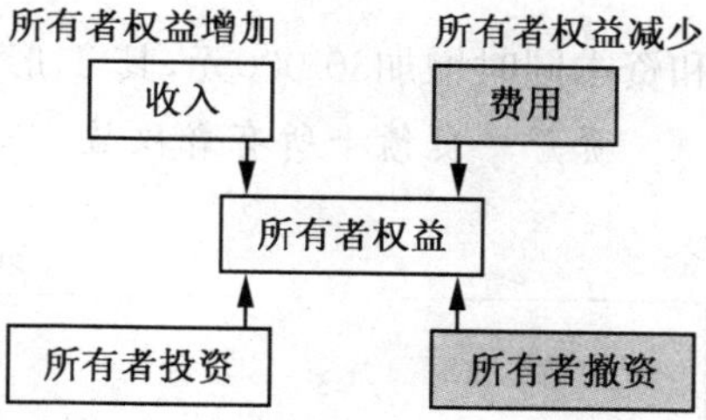

图2—7　增加和减少所有者权益的交易

2.2.3　账户

资本运动的信息，可具体化为资产、负债、所有者权益、收入、费用、利润六个要素的信息。虽然这已经对资本运动的信息做了初步分类，但这种分类仍然比较粗略，尚难适应编制会计报表的要求和满足会计信息使用者的需要。为此，还应对会计要素预先进行科学再分类，也就是设置账户。

账户是会计中最基本的汇总工具，它详细记录了一定时期内某项资产、负债或所有者权益的变化。每笔交易至少影响两个账户，反映了该笔交易的来龙去脉。

账户一般分为3类，即资产类、负债类和所有者权益类，它们之间的关系是：

① 《富爸爸，穷爸爸》丛书据说源自一个真实的故事，作者罗伯特·T.清崎（Robert T. Kiyosaki）的父亲和朋友的父亲对金钱的看法截然不同，这使他对认识金钱产生了兴趣，最终他接受了朋友的父亲的建议，也就是书中所说的"富爸爸"的观念，即不要做金钱的奴隶，要让金钱为我们工作，并由此成为一名极富传奇色彩的成功的投资家。罗伯特·T.清崎教人们成为百万富翁，这就是为什么人们称他为百万富翁学校的教师的原因。

② 企业形成的资产有两个来源，一个是所有者自己购置，一个是用借来的钱购置，也就是说有两类人对企业资产有求偿权：所有者和债权人，如果用等式来表示就是：资产＝负债＋所有者权益。

资产＝负债＋所有者权益

广泛使用的账户格式被称为“T 形账户”，账户的左边称为借方，右边称为贷方。对任何一给定账户，所有的增加都记录在一边，所有的减少则记录在另一边，究竟是哪一边记录增加或减少，则取决于账户的类型（资产、负债和所有者权益）（见图 2—8）。

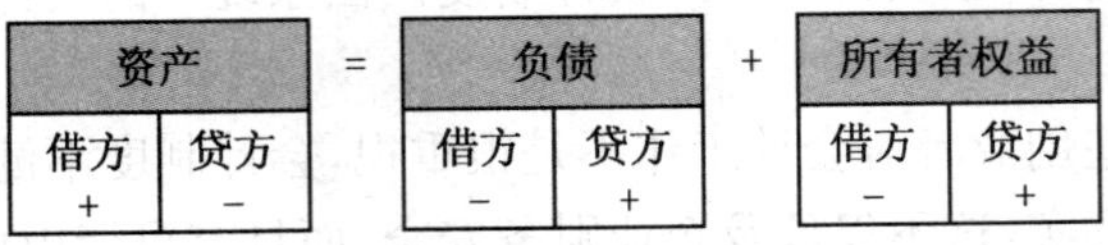

图 2—8　会计恒等式和借贷记账规则

例题：

李某投资开办了一家婚庆公司，发生如下两笔业务。

第一笔业务：投资30 000元开办婚庆公司。

第二笔业务：支付20 000元购买音响设备。

用 T 形账户记录这两笔业务，并用会计恒等式进行试算平衡。①

答案：

第一笔业务：企业的资产和资本同时增加30 000元，其 T 形账户图示如下：

资产＝负债＋所有者权益

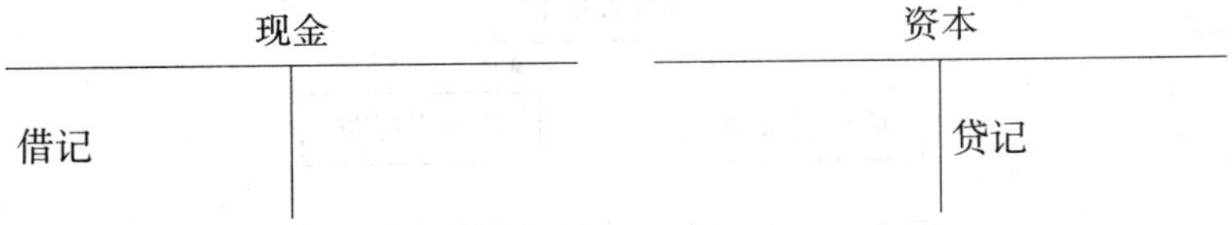

第二笔业务：现金减少20 000元，设备增加20 000元，资本账户没有变化。

资产＝负债＋所有者权益

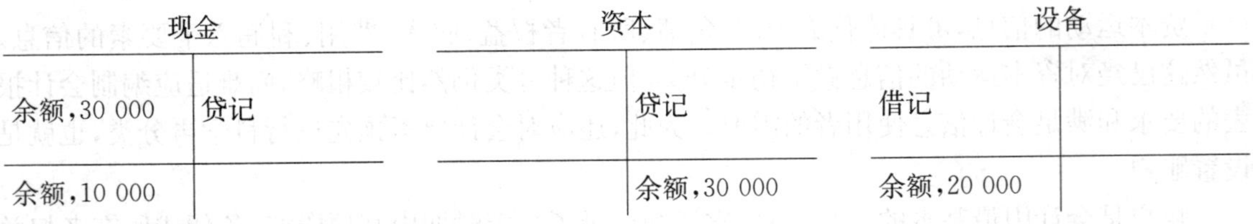

2.2.4　会计信息处理流程

一笔交易发生以后，会计数据形成过程大致如下：

交易发生→编制原始单据→进行交易分析→在日记账中记录→过入分类账→试算平衡

第一步：确认交易影响的账户及其类型（资产、负债或所有者权益）。

第二步：明确各账户是增加还是减少，使用借贷记账规则，借记或贷记该账户。

---

① 第一步是确定交易影响的账户，第二部是画出 T 形账户，第三步是确定应该记录在每个账户的左边还是右边，第四步是记录，第五步是计算账户余额，第六步是用“资产＝负债＋所有者权益”等式来试算平衡。

例：偿付应付账款1 600元。

该笔业务减少现金1 600元，应付账款减少1 600元。资产减少记贷方，负债减少记借方。

会计分录为：

借：应付账款　　1 600

　　贷：现金　　1 600

第三步：过账，即将日记账的金额转记至分类账中对应的账户。①

第四步：试算平衡

通过试算平衡表列示分类账中所有账户的余额，通过检查借方与贷方余额合计是否相等来检验会计处理的正确性。②

表2—2　试算平衡表

李某婚庆公司试算平衡表

年　月　日　　单位：人民币元

账户名称	余额 借方	余额 贷方
现金		
设备		
资本		
总计		

2.2.5　结账

结账是会计循环在期末进行的步骤和程序，是下一个会计期间登记交易记录的必要准备。基本过程如下：

(1)检查本期内日常发生的经济业务是否已全部登记入账，若发现漏账、错账，应及时补记、更正。

(2)在实行权责发生制③的单位，应按照权责发生制的要求，进行账项调整的账务处理，以计算与确定本期的成本、费用、收入和财务成果。

(3)将损益类科目转入"本年利润"科目，结平所有损益类科目。④

(4)在本期全部经济业务登记入账的基础上，结算出所有账户的本期发生额和期末的余额。计算并登记各种账簿的本期发生额和期末余额。

2.2.6　会计报表

会计报表是根据日常会计核算资料定期编制的，综合反映企业某一特定日期财务状况和某一会计期间经营成果、现金流量的总结性书面文件。我国现行制度规定，企业向外提供的会计报表包括资产负债表、利润表、现金流量表、资产减值准备明细表、利润分配表、股东权益增

① 分类账按照账户分类登记会计信息，直白地讲就是按照不同账户对会计信息进行归总计算。

② 有借必有贷，借贷必相等，这是会计核算的基本法则。因此所有账户的借方余额合计应该等于所有账户贷方余额的合计。

③ 在确定交易影响是否应当记录时，有两种方式：一种是权责发生制，要求交易发生时就要记录其影响；另一种是现金收付制，要求在收到或付出现金时才记录影响。

④ 通过结账，各收入和费用账户的余额都变成零，以便清晰地计量每一个会计期间的净损益。

减变动表等。

除上述法规要求的报表外，企业可以根据需要编制内部报表。内部报表是指在管理控制系统运行中为企业内部的各级管理层以定期或非定期形式提供用于企业沟通、控制、决策以及业绩等的格式灵活的各种报表。对内报表的内容包括成本报表、财务预算、财务分析及其与价值管理有关的内部管理报表，是满足内部管理者个别需要的专用会计报表。

(1)资产负债表

表 2—3 **谭先生商业调查公司资产负债表**

20××年 4 月 30 日 单位：元

资产		负债和所有者权益	
现金	24 000	负债	
应收账款	4 000	应付账款	18 000
办公用品	2 000	应付工资	3 000
固定资产	30 000	负债合计	21 000
减：累计折旧	1 000	所有者权益	
		实收资本	40 000
资产总计	61 000	负债和所有者权益总计	61 000

①资产负债表反映企业某一时点的财务状况，包括资产的规模与结构、负债的规模与结构、所有者权益的规模与结构等。

②资产类项目按照不同资产的流动性[①]列报，流动性强的资产排在前面，流动性差的资产排在后面。

③负债类项目按照偿还期限列报，短期内需要偿还的排在前面。

④公司净值＝总资产－总负债，公司净值不一定是公司的价值或出售时的价格，譬如，当总负债超过总资产的时候，公司的净值为负，但即使在这样的情况下，公司仍然能以正的价格出售。

⑤净营运资本＝短期资产－短期负债，净营运资本是衡量公司支付能力的指标。净营运资本并不能代表短期财务实力的水平。

表 2—4 **营运资本比较(1)**

	H 公司	C 公司
流动资产	1 000 000	600 000
流动负债	500 000	100 000
营运资本	500 000	500 000

上表中，两家公司的营运资本相同，但 C 公司的财务实力更强，因为 C 公司 1 元负债有 6 元资产支撑，而 H 公司 1 元负债仅有 2 元资产支撑。

① 流动性反映了资产的变现能力，就是转换成现金的能力，流动性强代表企业具有比较强的支付能力。

表 2—5　　营运资本比较(2)

	J公司	W公司
流动资产	1 000 000	2 000 000
流动负债	100 000	1 000 000
营运资本	900 000	1 000 000

上表中,J公司的营运资本不如W公司多,但J公司的资产负债比为10∶1,而W公司的资产负债比仅为2:1,显然J公司的财务实力更强。

(2)利润表

利润表是反映企业一定期间经营成果的财务报表。资产负债表反映企业拥有的资源,而利润表则揭示这些资源的经营效果,两张表配合使用,可以反映企业资产的周转情况与盈利能力。

利润表是通过对当期的收入、费用、支出项目按性质加以归类,按利润形成的主要环节列示一些中间性利润指标,如主营业务利润、营业利润、利润总额、净利润,分步计算当期净损益。

表 2—6　　谭先生商业调查公司利润表结构

年　月

项目①	金额
一、销售总额	
减:销售退回与折让	
销售税金	
二、销售净额	
减:销售成本	
三、销售毛利	
减:销售费用	
财务费用	
管理费用	
四、销售利润	
加:其他业务利润	
五、营业利润	
加:营业外收入	
减:营业外支出	
六、利润总额	
减:所得税	
七、税后净利	

企业所采用的会计方法对利润表中的信息有重要影响。企业可选择收付实现制或权责发

① 利润表中的项目会因为企业情况的不同而有所差异,但基本都是按照“收入－成本费用＝利润”的方式来排列。

生制。收付实现制是将货币收支作为确认收入或费用发生的依据。权责发生制是将取得收款权利或付款责任作为确认收入或费用发生的依据。

表 2—7　　现金制与权责发生制的区别

会计方法	收入确认	费用确认
现金制	从顾客那里收到现金的时候	付给供应商现金的时候
权责发生制	产品已经运送并且邮寄发票的时候	收到供应商的收据的时候

例:公司卖掉 100 万元的货物,已开具发票,收到其中 60 万元的货款。货物的成本是 50 万元,公司收到了 50 万元的账单,但只支付了其中的 40 万元。

表 2—8　　现金制与权责发生制的例子

	现金制	权责发生制
收入	600 000	1 000 000
成本	400 000	500 000
税前收益	200 000	500 000
税(税率 33%)	66 000	165 000
税后利润	134 000	335 000

从这个例子可以看出,会计方法会影响利润表中相关项目的结果。需要说明的是,企业不能随意更换会计方法,应该按照国家会计法规进行操作。

(3)现金流量表

现金[①]是可以立即投入流通的交换媒介,它具有普遍的可接受性,是企业中流动性最强的资产。现金流量表是使用资产负债表和利润表中的信息编制的,用来解释公司的经营活动、投资活动和融资活动产生的现金流情况。现金流量表的例子如表 2—9 所示。

表 2—9　　R 公司现金流量表　　单位:元

经营活动产生的现金流	
净利润	400 000
非现金支出	
折旧	110 000
摊销	95 000
净营运资本	10 000
经营活动现金净流量	615 000
投资活动产生的现金流	
设备采购	(140 000)
汽车采购	(50 000)

① 在财务管理中的现金包括银行存款及一些变现能力强的权证。

续表

旧设备出售	70 000
投资活动现金净流量	(120 000)
融资活动的现金流	
支付股利	(30 000)
支付抵押贷款	(100 000)
支付货款	(200 000)
股票回购	(65 000)
融资活动净现金流量	(395 000)
净现金流量	100 000

2.3　会计报表阅读

财务报表就是企业的“听诊器”，在密密麻麻的数据背后所包含的是企业经营状况与潜在的风险。管理者需要掌握报表的阅读和分析技术，理解隐藏在数据背后的企业财务信息，建立清晰的成本控制意识，并强化现金流意识，提高资金运作效率，迅速识别财务数据中可能存在的粉饰和舞弊成分，真正做到把先进的财务管理思想带入企业。

读懂财务报表的项目、结构与勾稽关系是理解财务报表、发现问题的前提。下面先介绍资产负债表、利润表、现金流量表的结构形式与阅读重点，然后结合创业企业的特点重点介绍如何借助报表进行资金流动情况的分析。

2.3.1　认识财务报表

资产负债表是依据“资产＝负债＋所有者权益”的等式编制的。资产和负债的明细项目都是按照流动性排序的，流动性高的放在前面，流动性差的放在后面。

资产负债表的左边为资产类项目，属于资金的使用。资产被分为流动资产、固定资产及无形资产等小类，这反映了资产以什么形式存在，表明了资金使用的方向。进一步看，流动资产中有现金、银行存款、存货、短期投资、应收账款等形式。将资产从总体到明细层层分解观察，即可得到资金的具体使用方向和资产存在形式。如果结合近几年资产负债表的情况，就可看出资产结构上的变化；同时可以与同类企业进行比较，以确定本企业资产结构的特点或存在的问题。资产中的折旧、待摊费用、资产减值准备等项目会影响利润，但不会对现金流量产生影响。

资产负债表的右边是负债和所有者权益，属于资金的来源。负债部分有长期负债、短期借款、应付账款、应付税金等，需要关注金额、债权人、到期时间、利率等信息。所有者权益部分有股本、资本公积、未分配利润等，其中资本公积[①]主要来自资本溢价与捐赠，未分配利润是从企

① 资本公积是按照《公司法》与股东(大)会决议提取的，可用于弥补亏损或转增资本，法律规定公积金转增资本时，留存公积金不得低于转增前资本总额的 25%。

业成立到现在尚未分配的利润(或者是尚未弥补的亏损),未分配利润是利润分配的结果,对于这个项目要留意利润分配是否符合合同、协议、章程以及董事会纪要的规定。

利润表说明税后利润产生的过程,利润分配表是其附表,说明利润是如何分配的。利润表的结果表明企业是赚了或是亏了,这个结果可以通过分析收入和成本费用结构找到原因。利润分配有两个去向,一个是留在企业作为发展基金,一个是分给股东。利润分配的顺序要符合法律规定。

现金流量表是按照收付实现制编制的,反映企业钱袋里有多少钱,以及一定时期内现金的来龙去脉。利润仅仅是反映企业赚钱的能力,现金净流量则代表着存在的可能性,因此,现金流量表对管理者极其重要。现金流量表中的现金是指有即时支付能力的资产,包括现金、银行存款、有价证券等。现金流量表将现金活动分为三大类,分别是经营活动产生的现金流量、筹资活动产生的现金流量和投资活动产生的现金流量。表中数据分为三大类,按照现金流入、现金流出及净现金流量进行安排。

2.3.2 阅读财务报表的流程

在进行报表分析时,一是要明确目的,二是要确定分析重点,三是要关注指标之间的相互联系,四是要选择分析指标,五是要形成判断和评价。

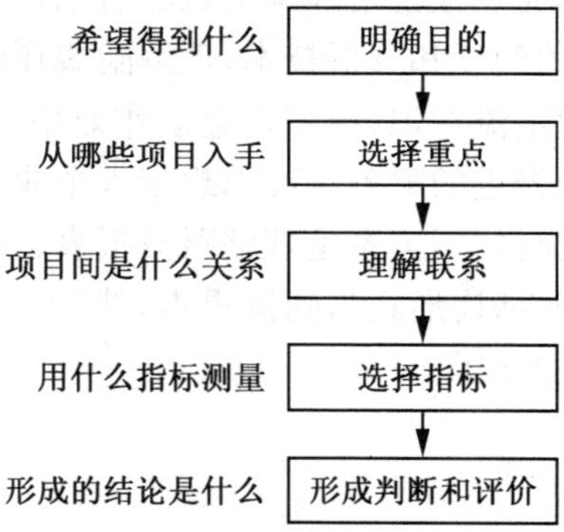

图 2—9 财务报表阅读过程

第一步:要明确本次报表分析的目的

报表的使用者不同,他们的评价角度也不同。

如果你是债权人,关心的是企业的偿债能力;

如果你是投资者,关心的是企业未来的发展能力;

如果你是经营者,关心企业各方面的状况。

所以,我们必须十分清楚地知道我们的分析目的。

第二步:确定报表分析的重点项目

在明确报表分析的目的之后,我们就可以确定本次分析的重点项目。

例如,如果想了解企业存货销售情况,我们就应该去联想哪些项目与企业的存货相关,采用发散性思维,我们就可以确定了;

存货——货币资金;

存货——应收账款;

以上是与资产负债表相关。

存货——营业收入；

存货——营业成本；

以上是与利润表相关。

存货——销售商品收到的现金流量，采购商品支付的现金流量；

这是与现金流量表相关。

第三步：关注重点分析项目之间的联系

看一张报表得出的结论可能是片面的，看三张报表得出的综合结论肯定比看一张报表得出的结论可靠。

所以，确定报表分析的重点项目之后，还不能忘记将各项目的数据进行联系分析。

例如，资产负债表中的存货下降、货币资金增加、现金流量表中的经营现金净流入增加、利润表中的营业收入增加，对三张报表进行联系分析，基本上可得出该企业销售情况良好的结论。

第四步：选择分析指标

可以选择应收账款回收率、存货周转率、应收账款周转率等来分析存货周转效率，可以选择销售利润率、毛利率等指标分析获利情况。

第五步：判断与评价

财务报表分析需要对公司的经营状况和财务状况做出评价，确定一个合理的参考标准非常重要，否则大量的数据和指标本身并不能说明问题。常用的财务报表分析标准主要有如下几类。

(1)历史标准

以公司过去某一时点的实际状况为标准。这种标准的优点是比较实际、可靠、可比性高，不足之处是历史的情况与今天的情况不同，因此比较本身的合理性有待检验。

(2)预算标准

以公司已经确定的预算为标准。这种标准是否科学合理，主要取决于预算本身的合理性。

(3)行业标准

选择行业的一般水平、平均水平或先进水平作为参照标准，对企业的情况进行评价。使用这种标准能够揭示企业与行业特定水平的差距，但在使用过程中需要注意本企业与行业其他企业的差异性。

(4)经验标准

经验标准来自大量实践经验的总结，例如流动比率一般不低于2。经验标准反映的是一般情况，实践中，要结合企业的特定情况才能做出具体判断。

当然，仅仅是从单张报表阅读得出一些基本判断，可能是片面的，甚至是错误的。因此，在快速阅读完所有报表之后，还需要进行综合分析与判断，要进一步关注三张报表之间的印证关系。例如，资产负债表中的流动资产、流动负债往往与现金流量表中的经营现金流量相关；长期资产与现金流量表中的投资现金流量相关；长期负债、所有者权益项目往往与筹资活动现金流量相关；利润表中的收入项目往往与流动资产相关；费用项目往往与存货、固定资产相关；通过各项目之间的印证关系，可以掌握企业财务状况、现金流、经营成果的基本情况，甚至也可以找出某些造假的财务报表。

2.3.3 资金链断裂的成因及其识别[①]

资金链断裂取决于资金供求状态，资金供给不能满足资金需求，便会出现资金缺口，资金缺口严重到一定程度便会引发资金链断裂。

从资金需求方面看，企业有三方面资金需求：一是长期资金需求，例如购置固定资产、偿还长期债务等；二是经营性资金需求，例如购买材料、偿还应付账款等；三是日常资金需求，例如支付工资、水电费等。

企业资金供应有三个渠道：一是股东投资和长期贷款；二是经营性资金流入，例如销售回款、赊购等；三是短期借款。这样就形成了三种资金供需关系：一是长期性资金供需关系，二是经营性资金供需关系，三是现金支付性资金供需关系。每一种供需关系上都可能出现资金缺口。

企业支付资金缺口如果能得到妥善解决，长期资金缺口和经营资金缺口就会获得解决的机会，因此关注支付资金缺口是分析资金缺口问题的关键。决定企业支付资金缺口的因素既有经营性的，又有长期投资和融资性的。经营性的原因包括增加资金需求和减少资金供应的原因，如过度赊账、库存积压、连年亏损等，投融资性的包括短期借款过多、总负债过多、投资过度、投资失误等。以下指标所用数据在财务报表中均可找到。[②]

(1)现金支付安排不合理。由于企业的资金来源总额和资金占用总额相等，即企业的负债和所有者权益合计等于企业的资产合计，企业的支付资金缺口的计算公式可以写为：

支付资金缺口＝货币性负债－货币性资产

货币性负债是指以货币形态存在的各项债务，包括应付账款、应付票据和长期借款等金额固定的各项负债。货币性资产，是指持有的现金及以固定或可确定金额的货币收取的资产，包括现金、应收账款和应收票据以及准备持有至到期的债券投资等。该式说明，企业是否存在支付资金缺口也与企业的货币性负债和货币性资产的多少直接相关。为了使不同企业之间和同一企业不同时期之间可比，可以将这一指标转化为相对值，即：

货币性负债偿还满足率＝货币性资产/货币性负债×100%

计算结果大于1说明不存在支付资金缺口，不存在资金链断裂的可能性；计算结果小于1说明偿还货币性负债存在资金缺口，小于1越多说明资金缺口越大，资金链断裂的可能性越大。

(2)过度赊账销售。企业因为应收账款过多，难以回笼现金，导致资金链断裂，这种情况在商业信用不是很好的地区比较常见。财务管理领域使用应收账款回收率指标来揭示这一因素的影响：

应收账款回收率＝期初应收账款/期末应收账款×100%

该指标大于1说明应收账款下降，资金回笼加快，出现资金链断裂的可能性较小；小于1则说明应收账款增加并且拖欠趋于严重，小于1越多，拖欠越趋严重，资金链断裂的风险越大。

(3)存货过多，企业运转失灵。企业商品销售乏力，存货占用资金过多，资金周转不灵，也有可能导致资金链断裂，相对存货周转次数指标可以用来揭示这种影响：

---

① 本部分选自张金昌与范瑞真的文章《资金链断裂成因的理论分析与实证检验》，《中国工业经济》，2012年第3期。

② 管理者通过财务软件就可以得到相关指标的计算结果，也可以用EXCEL设定一个可自动计算的表格。

相对存货周转次数＝营业成本/(营业成本＋存货增加额)

该指标大于1说明企业存货下降,资金链断裂的可能性趋于缩小,小于1说明企业的存货增加,因存货增加而发生资金链断裂的可能性增大,该指标越小,则导致资金链断裂的可能性越大。

(4)经营亏损。企业长期亏损或出现一次性巨亏被认为是造成资金链断裂的原因之一。当企业累计亏损足够大,以至于企业无法找到资金来弥补亏损、维持运转时就会出现资金链断裂。企业的亏损情况通常在资产负债表中的未分配利润科目反映,未分配利润占比是用来揭示企业因亏损而导致资金链断裂可能性的指标:

未分配利润占比＝(未分配利润＋其余所有者权益合计)/其余所有者权益合计×100%

式中:其余所有者权益合计＝所有者权益合计－未分配利润,该指标值大于1,说明企业不是累计亏损,而是累计盈利,不存在因亏损而导致企业资金链断裂的可能性;该指标小于1,则说明企业累计亏损并使所有者权益下降,企业资金链断裂的可能性较大。

(5)经营性负债过多。除了偿还货币性负债有可能导致企业资金链断裂之外,企业经营过程中所形成的负债,如应付账款、其他应付款、应付职工薪酬等累计量过大也有可能出现企业难以按时偿还的情况,导致出现资金链断裂,这种可能性可用经营性资产和经营性负债之比来描述:

经营负债偿还满足率＝经营性资产/经营性负债×100%

经营性负债是指企业因经营活动而发生的负债,如应付票据、应付账款、预收账款和应付职工薪酬等。该指标大于1说明经营性负债有经营性资产来保证偿还,出现资金链断裂的可能性较小;小于1说明偿还经营性负债缺乏足够的经营性资产来保证,小于1越多,资金链断裂的风险越大。

(6)债务结构不合理。企业资金链断裂也可能是因为企业债务结构安排不合理,债务到期无力偿还造成。财务上用债务偿还保障率指标来揭示企业因为债务结构不合理导致资金链断裂的可能:

债务偿还保障率＝所有者权益合计/负债总额×100%

该指标大于1说明企业的负债全部由权益资金来保证,不存在资金链断裂的可能性;小于1就存在资金链断裂的风险,小于1越多,资金链断裂的风险越大。

(7)长期投融资安排不合理。一些企业在长期资金供应不足的情况下大量进行长期性投资活动,导致短期资金长期占用,形成长期性资金缺口,最终导致企业出现资金链断裂,可以用长期资金需求保障率指标来揭示这种可能性:

长期资金需求保障率＝(所有者权益＋非流动负债)/非流动资产×100%

该指标大于1说明企业的长期性资金不存在缺口,因长期资金结构不合理导致资金链断裂的可能性不存在;该指标小于1,就有可能因为长期性资金存在缺口而导致资金链断裂,小于1越多,导致资金链断裂的可能性越大。

(8)企业成长性差。如果企业投资正确,经营规模不断扩大,即使企业出现一定程度的资金缺口,也有可能在发展的过程中加以解决,并不会导致资金链断裂。如果企业投资失误,增长乏力,企业不能在发展中解决资金缺口问题,就有可能出现资金链断裂。财务上用总资产的增长情况来揭示企业的成长性对资金链断裂的可能影响:

总资产增长率＝年末资产总额/年初资产总额×100%

该指标大于1说明企业资产增长,企业规模有所扩大、经营有所发展,资金链断裂的可能性降低;该指标小于1说明企业规模缩小、经营有所萎缩,资金链断裂的可能性增加,小于1越多,资金链断裂的风险越大。

2.3.4 内部报表

相比于按照法律要求编制的三大表,内部报表更有灵活性和针对性。小企业可以善用EXCEL制表软件,通过套用计算公式,编制出成本、费用、收入、存货等内部报表。表格设置完成,录入数据以后便可自动生成相应的报表。

编制内部财务报表,需要解决四个问题:

第一是明确编表的目的;

第二是选择恰当的指标,设定计算逻辑;

第三是编制表格;

第四是检验。

本章总结

基本概念

会计信息、企业、流动性、净现金流量、权责发生制、收付实现制、利润、资金链、知识、知识资本、烧钱率、声誉、生产能力利用率、社会资本、营运资本、市场容量、学习曲线、账户、资产、负债、所有者权益、结账、资产负债表、利润表、现金流量表、支付资金缺口、货币性负债偿还满足率、应收账款回收率、相对存货周转次数、经营负债偿还满足率、债务偿还保障率、长期资金需求保障率、总资产增长率

思考题

(1)会计信息有何特点?

(2)如何描绘一个企业系统?

(3)可以用哪些指标刻画企业系统的总体运行特征?

(4)如何衡量一个企业的剩余时间?

(5)初创项目在“跨越鸿沟”阶段面临的主要问题是什么?

(6)客户接受新产品的基本规律是什么?这与企业现金流有何关系?

(7)市场容量对企业的资金投入安排有何影响?

(8)如何测定市场容量?

(9)如何用货币语言表达企业可用的劳动量?

(10)如何评估企业的社会资本?

(11)知识之间为何会发生争斗?

(12)概括企业现金流动模型。

(13)概括企业会计信息生成过程。

(14)为什么说财务报表是管理者的潜水眼罩?

(15)哪些交易会增加所有者权益?

(16)资产、负债和所有者权益之间有何关系?

(17)财务报表阅读的基本过程是什么?

(18)资金链断裂的主要成因是什么?如何识别?

第 3 章

预算管理

在实现战略目标的过程中需要一些复杂的活动、企业中人员之间的合作以及利用一些非常有价值的资源。如果能有一份根据实际情况为企业编制的数量性行动计划,那么对于更有效的趋近目标会大有帮助,这样的计划就是预算。

“事前定则不困,行前定则不疚”。预算会确定一些资源的约束条件,经理人员和雇员必须在约束条件下从事经营活动;预算是对各项活动进行控制和利用资源的基础,通过不断地将实际业绩与预算目标进行对比,确定差异发生的原因,采取必要的纠正行动,并提供有关业绩的反馈,就可以确保企业目标的实现。

尽管全面预算有许多好处,但是,很少有小企业主坚持不懈地编制预算。而那些编制了预算的管理者又会在忙碌中将其放在一边不去使用。预算编制脱离实际、缺少沟通和激励机制、方法应用不当等是主要障碍。

本章结合创业企业的经营特点,从创业管理的角度重点关注如下问题。

什么是全面预算,全面预算的特点、内容与流程是什么?

如何编制现金预算?

如何估计资金需求?

如何测算年度支出?

如何编制销售预算?

预算管理制度建设的要点是什么?

3.1 全面预算

3.1.1 全面预算的概念

全面预算反映的是企业未来某一特定期间(一般不超过一年或一个经营周期)的全部生产、经营活动的财务计划,它以实现企业的目标利润(企业一定期间内利润的预计额,是企业奋斗的目标,根据目标利润制定作业指标,如销售量、生产量、成本、资金筹集额等)为目的,以销售预测为起点，进而对生产、成本及现金收支等进行预测，并编制预计损益表、预计现金流量表和预计资产负债表，反映企业在未来期间的财务状况和经营成果。全面预算管理是为数不多的几个能把企业的所有关键问题融合于一个体系之中的管理控制方法之一。

全面预算管理对现代企业的意义可以概括为：

(1)提升战略管理能力

①战略目标通过全面预算加以固化与量化，预算的执行与企业战略目标的实现成为同一过程；对预算的有效监控，将确保最大限度地实现企业战略目标。

②通过预算监控可以发现未能预知的机遇和挑战，这些信息通过预算汇报体系反映到决策机构，可以帮助企业动态地调整战略规划，提升企业战略管理的应变能力。

(2)有效的监控与考核

①预算的编制过程向决策者和执行者双方提供了设定合理业绩指标的全面信息，同时预算执行结果是业绩考核的重要依据。

②将预算与执行情况进行对比和分析，为经营者提供了有效的监控手段。

(3)高效使用企业资源

①预算计划过程和预算指标数据直接体现了各业务单位使用资源的效率以及对各种资源的需求，因此是调度与分配企业资源的起点。

②通过全面预算的编制和平衡，企业可以对有限的资源进行最佳的安排使用，避免资源浪费和低效使用。

(4)有效管理经营风险

①全面预算可以初步揭示企业下一年度的经营情况，使可能的问题提前暴露。

②参照预算结果，公司高级管理层可以发现潜在的风险所在，并预先采取相应的防范措施，从而达到规避与化解风险的目的。

(5)收入提升及成本节约

①全面预算管理和考核、奖惩制度共同作用，可以激励并约束相关主体追求尽量高的收入增长和尽量低的成本费用。

②在编制全面预算的过程中，相关人员要对企业环境变化做出理性分析，从而保证企业的收入增长和成本节约计划切实可行。

③预算执行的监控过程关注收入和成本这两个关键指标的实现和变化趋势，这迫使预算执行主体对市场变化和成本节约造成的影响做出迅速有效的反应，提升企业的应变能力。

全面预算的特点是：

(1)对未来的精确规划。

(2)以提高企业整体经济效益为根本出发点。全面预算管理将企业管理的职能化整合为企业管理的整体化，讲究联合管理、联合行动，大大提高了管理效率，从而增进企业经济效益。

(3)以价值形式为主的定量描述。

(4)以市场为导向。在企业全面预算的编制、监督、控制与考核中必须始终牢牢树立以市场为导向的管理意识，注意把握市场的特点和变动，揣摩市场规律，并在实际工作中较好地运用规律为企业创造效益。

(5)以企业全员参与为保障。只有企业全体人员重视并积极参与预算编制工作，企业制定的预算才易于被员工接受，才能减少企业管理层和一般员工之间的信息不对称造成的负面影响，为顺利实现企业全面预算管理目标提供保障。

(6)以财务管理为核心。预算的编制、执行、控制和考评等一系列环节,以及众多信息的搜集、传递工作都离不开财务管理工作,财务管理部门是全面预算管理的中坚力量,具有不可替代的重要作用。

全面预算包括业务预算、专项预算和财务预算三类内容。业务预算与财务预算之间的关系如图 3－1 所示。企业常用预算如表 3－1 所示。

(1)业务预算

业务预算又称营业或经营预算,是反映企业预算期间日常供应、生产、销售、管理等实质性活动的预算。

(2)专门决策预算

专门决策预算是为企业不经常发生的长期投资项目或一次性专项业务所编制的预算,它包括资本支出预算和一次性专门业务预算。

(3)财务预算

财务预算是反映企业预算内预计的现金收支、经营成果和预算期末财务状况的预算,它包括现金预算、预计利润表和预计资产负债表。

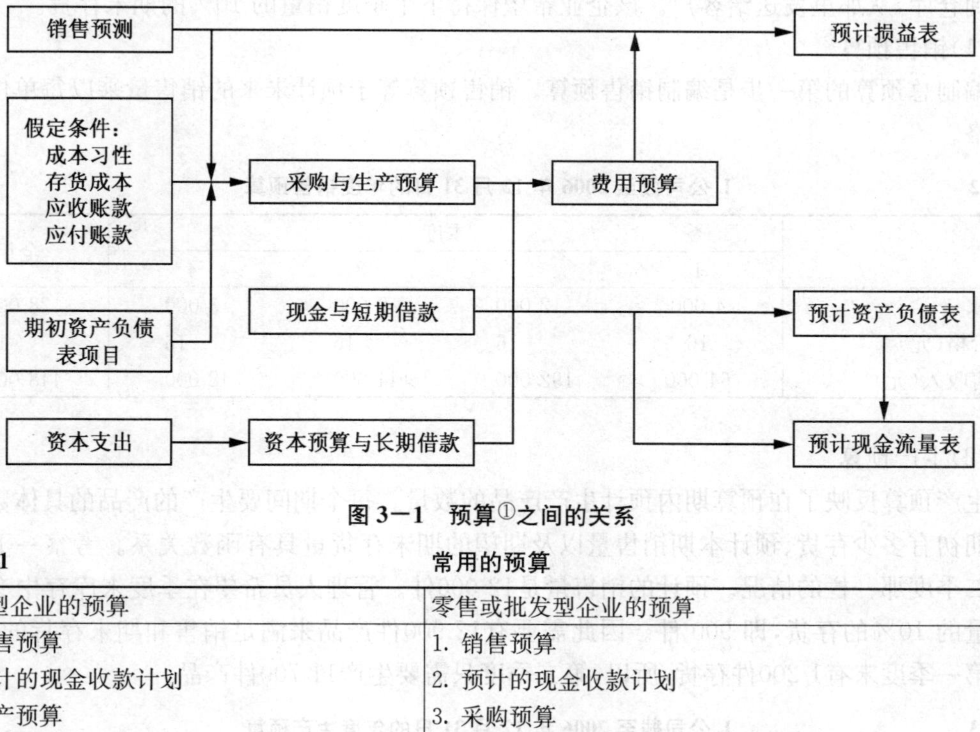

图 3－1　预算①之间的关系

表 3－1　　常用的预算

生产型企业的预算	零售或批发型企业的预算
1. 销售预算	1. 销售预算
2. 预计的现金收款计划	2. 预计的现金收款计划
3. 生产预算	3. 采购预算
4. 直接材料预算	4. 销售商品的成本预算
5. 直接人工预算	5. 人工费用预算
6. 制造费用预算	6. 一般管理费用预算
7. 生产和销售商品成本预算	7. 销售和管理费用预算
8. 销售和管理费用预算	8. 现金支出预算

① 预算是以一些假定条件为基础的,这些假定条件涉及成本将怎样随着经营活动的变化而变化、怎样控制风险、存货水平、信用政策等。

续表

生产型企业的预算	零售或批发型企业的预算
9. 现金支出预算 10. 现金预算 11. 预计损益表 12. 预计资产负债表	9. 现金预算 10. 预计损益表 11. 预计资产负债表

3.1.2 预算编制示例①

L公司是折叠铝制草坪椅子生产商。企业位于一个工业园区，厂房是租用的。生产和包装一把椅子的全部过程需要花费12分钟的直接人工时间。生产工人作业的全部成本是每小时12元。机器设备的实际生产能力限制是每天1 000把椅子，这是高于最大预算的生产水平的。生产椅子的过程开始于将四方形的铝材进行切割，做成适当长度的管料。然后将这些管料在一台自动机器上进行弯曲，再用手工将这些部件组装在一起。椅子的框架随后被送到工厂的某个区域，在那里加上一些垫子以便形成坐垫和靠背。然后将椅子放到包装盒中，再将其运送到仓库，从那里发送给客户。该企业希望保持下个季度销量的10%的期末存货。

(1)销售预算②

编制总预算的第一步是编制销售预算。销售预算等于预计未来的销售量乘以每单位的销售价格。

表3—2　　L公司截至2006年12月31日的年度销售预算

	季度				全年
	1	2	3	4	
销售量	4 000	12 000	9 000	3 000	28 000
销售价格(元)	16	16	16	16	16
总销售收入(元)	64 000	192 000	144 000	48 000	448 000

(2)生产预算

生产预算反映了在预算期内预计生产产品的数量。每个期间要生产的产品的具体数量与本期期初有多少存货、预计本期销售量以及期望的期末存货量具有函数关系。考察一下计划期第二季度那一栏的情况。预计的销售量是12 000件。管理人员希望在季度末库存中有下季度销量的10%的存货，即900件。因此需要有12 900件产品来满足销售和期末存货的需求。因为第一季度末有1 200件存货，所以，第二季度只需要生产11 700件产品。

表3—3　　L公司截至2006年12月31日的年度生产预算

	季度				全年
	1	2	3	4	
销售量(件)	4 000	12 000	9 000	3 000	28 000
加:期望的期末存货(件)	1 200	900	300	500	500

① 本部分案例选自《小企业创业管理》，季洛姆·A.卡茨、理查德·P.格林著，北京大学出版社2009年版。

② 销售预算是其他预算编制的起点，销售预算的起点与企业对价值目标的定位有密切联系。

续表

	季度				全年
	1	2	3	4	
需要的产品总数(件)	5 200	12 900	9 300	3 500	28 500
减:期望的起初存货(件)	400	1 200	900	300	400
需生产的件数(件)	4 800	11 700	8 400	3 200	28 100

注:2007 年第一季度预计销售5 000件。

(3)直接材料预算

一旦知道了将要生产产品的数量,预计需要多少原材料就是很简单的事情了。每把椅子需要 25 米长的铝管料,其单价是每米 0.15 元,并且需要 40 米长的尼龙带,单价是每米 0.08 元。所有其他的部件,包括螺丝钉、垫圈、扣件的成本是每把椅子 1.00 元。装成品椅子的包装盒价值是 0.50 元。值得注意的是,本例中的预算样表是基于期末存货等于下一季度需求量的 10%这个假定条件编制的。

表 3－4　**截至 2006 年 12 月 31 日的年度采购预算**

	季度				全年
	1	2	3	4	
需生产的件数	4 800	11 700	8 400	3 200	28 100
铝管料单位产品用量	25	25	25	25	25
生产需要的管料	120 000	292 500	210 000	80 000	702 500
加:期望的期末存货	29 250	21 000	8 000	15 250	15 250
需要的铝管料合计	149 250	313 500	218 000	95 250	717 750
减:期望的起初存货	12 000	29 250	21 000	8 000	12 000
需要购买的材料	137 250	284 250	197 000	87 250	705 750
每米长度的成本	0.15	0.15	0.15	0.15	0.15
需购买的管料成本合计	20 588	42 638	29 550	13 088	105 863
垫子成本合计	14 410	38 672	26 973	9 677	89 731
扣件成本合计	4 503	12 058	8 429	3 024	28 041
包装盒成本合计	2 252	6 043	4 215	1 512	14 021
直接材料采购总成本	39 500	99 437	69 166	27 300	237 655

注:2007 年第一季度预计生产6 100件。

(4)直接人工预算

直接人工预算反映了满足必要的生产需求所需要的人工数量和成本。这里假定随着生产水平的变化可以很容易地增加或减少人工。

表 3－5　**截至 2006 年 12 月 31 日的年度直接人工预算**

	季度				全年
	1	2	3	4	
生产量	4 800	11 700	8 400	3 200	28 100
单位产品需要的直接人工(1/10 小时)	0.1	0.1	0.1	0.1	0.1
生产需要的直接人工	480	1 170	840	320	2 810
每小时人工成本(元)	12	12	12	12	12
人工成本合计	5 760	14 040	10 080	3 840	33 720

(5)制造费用预算

为了简单起见,本例假定制造费用是固定的,不随产量的变化而变化。

表 3—6 截至 2006 年 12 月 31 日的年度制造费用预算

	季度				全年
	1	2	3	4	
工厂租赁费	3 300	3 300	3 300	3 300	13 200
保险费	1 000	1 000	1 000	1 000	4 000
维修费	500	500	500	500	2 000
辅助车间费用	800	800	800	800	3 200
制造费用合计	5 600	5 600	5 600	5 600	22 400

(6)销售、行政及管理费用预算

表 3—7 中所说明的销售、行政及管理费用预算,既包括随产量发生变化的费用,又包括不随产量发生变化的费用。此处,销售人员的薪水和佣金随着销售毛利的变化而发生变化。

表 3—7 截至 2006 年 12 月 31 日的年度销售、行政及管理费用预算

	季度				全年
	1	2	3	4	
销售量	4 000	12 000	9 000	3 000	28 000
销售佣金(销售收入总额的 2%)	1 280	3 840	2 880	960	8 960
销货费用	400	1 200	900	300	2 800
广告费	6 400	19 200	14 400	4 800	44 800
销售人员薪金	7 500	7 500	7 500	7 500	30 000
职员工资	6 000	6 000	6 000	6 000	24 000
总费用	21 580	37 740	31 680	19 560	110 560

(7)生产和销售商品的成本

生产和销售商品的成本将材料费、人工费和制造费用结合在一起。将期末产成品存货中的产品价值减去以后,就得到了已销售商品的成本(如表 3—8 所示)。

表 3—8 截至 2006 年 12 月 31 日的年度生产和销售商品的成本

使用的直接材料	
期初直接材料存货	3 798
加:采购金额	237 655
可利用的直接材料	241 453
减:期末存货	4 151
使用的直接材料	237 301
直接人工	33 720
制造费用	22 400
制造成本合计	293 421
加:起初在产品	0
减:期末在产品	0
已生产商品成本合计	293 421
加:起初产成品存货	4 083

续表

可供销售的商品的价值	297 504
减:期末产成品存货	5 615
已销售商品的成本合计	291 889

(8)预计损益表

到目前为止,已经编制完成的预算合并在一起就形成了预计的财务报表,其中的第一张表就是预计损益表。

(9)完成一份综合的预算

生成一份完整的综合预算需要的最后步骤是:预计现金收入、预计现金支出、编制预计资产负债表。现金流量管理对创业企业至关重要,下一节单独介绍。关于预计资产负债表的编制方法此处不再解释。

表 3—9　截至 2006 年 12 月 31 日的年度预计损益表

销售收入	448 000
减:销售成本	291 889
销售毛利	156 111
其他费用	
销售费用、一般管理费用和行政管理费用	110 560
利益费用	6 016
其他费用合计	116 576
所得税前利润	39535

3.2　编制现金预算

许多企业遇到现金方面的问题,其原因是:

(1)现金收入和现金支出在时间方面不匹配;

(2)收到的款项和需要支出的款项在数额方面不匹配。

现金预算能够帮助确定预计现金将在何时、以什么方式及为什么会进入企业,以及现金将在何时、以什么方式及为什么会离开企业。

企业从投入现金购买相关的资源要素至产品销售实现现金回笼,形成了一个完整的周期。企业需要保证这个周期持续进行,并且尽可能加速周转,提高每次周转带来的盈利。只有这样,企业资金在不停地运行中才能带来更多的回报。

现金预算是根据资金进入企业与流出企业的情况来编制的,存入银行账户里的资金也是现金。在大多数情况下,流入企业的现金来自于产品和服务的销售,除此之外,银行贷款和透支、设备变卖、税收返还、股东以现金增加资本投入等也是现金流入渠道;①现金流出企业主要是由于支付工资、购买材料、支付水电费、电话费、银行借款利息等各种费用。

① 收取定金和分期收款,对立即付款提供折扣,催促客户向你付款,承担非核心项目,保证应收账款,这些被认为是有效地增加现金流入的方法。

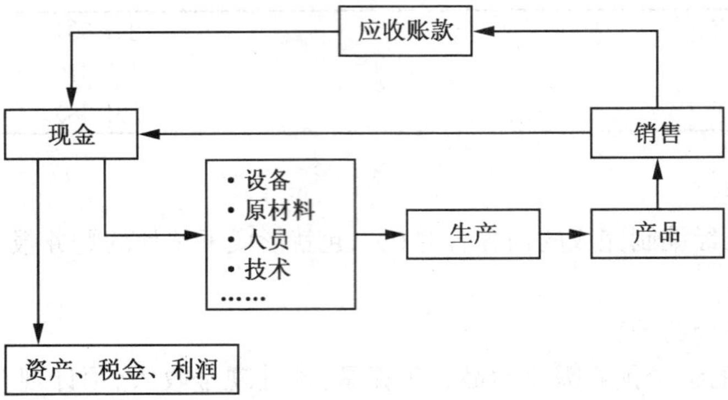

图 3—2 现金循环周期

表 3—10 **现金预算表示例**

季度/项目	第一季度	第二季度	第三季度	第四季度
季初现金余额				
销售收入				
其他现金流入				
现金收入总额				
人工支出				
材料支出				
其他支出				
现金支出总额				
季末现金余额				

(1)按照正常的情况,企业发生的费用是在追求收入的过程中产生的,因此收入,特别是主营业务收入的预测是现金预测的龙头,因此,收入的预测在先,然后据此测算对应的费用项目。

但也存在另外一种情况,就是对于收入的判断比较困难,企业会首先测算费用项目,然后在此基础上确定一个目标收入。

(2)费用项目与收入项目预测,最基本的参照是以往的经营历史情况,如果是新的企业,比较简单的办法是参照同类企业的情况,如果是全新的企业,没有可以参照的样板,可以在当地社会平均回报率基础上设定一个测算的依据。

企业的现金预算按年编制,也可根据需要按照季度、月份、周、日来编制。

(3)建立现金流分类账有助于更清晰地了解现金流情况。现金流分类账总结了一段时期内现金实际的增加(现金流入)和减少(现金流出)的情况,不考虑会计方法是现金制还是权责发生制这类问题,或者诸如折旧等非现金支出。

表 3—11 **Q 公司现金流分类账** (单位:元)

时间	说明	去向/来源	收入	支出	余额
2005/6/30					1 000
2005/7/1	买 4 打复印纸	J 公司		250	750
2005/7/2	注册网站费用	A 公司		240	510
2005/7/6	印名片	X 公司		20	490
2005/7/26	买 4 件 T 恤	跳蚤市场	500		990
总计			500	510	990

3.3 预算的出发点

3.3.1 历史预算法

许多企业，在编制下一年度预算时，以历史数据为出发点，基本过程是：

(1)以外推法将过去的支出趋势(或上年支出额)延伸至下一年度。

(2)将数额酌情予以增加，以适应工资提高和物价上涨引起的人工成本和原材料成本的提高。

(3)将数额再予以提高，以满足修改原计划和修改原设计方案所需追加的预算支出，通常这方面达到原预算的30%或更多。

事实上，一些企业，只是照搬上一年度的预算，然后再添加上通货膨胀因素的影响。由于有既往数据为基础，历史预算法的操作比较简单。但是这种方法假定企业按照过去的模式继续营运，没有考虑规模或业务范围的变化，没有考虑技术变革对组织的影响，因此，以历史数据为基础的预算可能会束缚企业未来的发展。

3.3.2 竞争预算法

参照竞争对手制订预算的方法常被用在广告投入方面。在确定广告费用预算时，以竞争对手的广告费用来确定自己企业的广告预算。

(1)参照竞争对手的市场占有率

广告预算＝竞争对手的广告费总额×本企业市场占有率/竞争对手的市场占有率

(2)参照竞争对手的广告费增减变动

广告预算＝本企业上年度广告费×(1±竞争对手广告费增减率)

3.3.3 零基预算法

零基预算是指在编制成本费用预算时，不考虑以往会计期间所发生的费用项目或费用数额，而是以所有的预算支出为零作为出发点，一切从实际需要与可能出发，逐项审议预算期内各项费用的内容及其开支标准是否合理，在综合平衡的基础上编制费用预算的一种方法。零基预算法相比于基于历史预算法具有非常明显的优点。

(1)有利于提高员工的“投入—产出”意识。传统的预算编制方法，主要是由专业人员完成的，零基预算是以“零”为起点观察和分析所有业务活动，并且不考虑过去的支出水平，因此，需要动员企业的全体员工参与预算编制，这样使得不合理的因素不能继续保留，从投入开始减少浪费，通过成本—效益分析，提高产出水平，从而能使投入—产出意识得以增强。

(2)有利于合理分配资金。每项业务经过成本—效益分析，对每个业务项目是否应该存在、支出金额标准，都要进行分析与计算，精打细算，量力而行，能使有限的资金流向富有成效的项目，所分配的资金能更加合理。

(3)有利于发挥基层单位参与预算编制的创造性。零基预算的编制过程不考虑以往的支出水平，需要全体员工的参与，企业内部易于沟通和协调，企业整体目标更趋明确，多业务项目的轻重缓急容易得到共识，有助于调动基层单位参与预算编制的主动性、积极性和创造性。

(4)有利于提高预算管理水平。零基预算极大地增加了预算的透明度,预算支出中的人员经费和专项经费一目了然,各级之间争吵的现象可能缓解,预算会更加切合实际,会更好地起到控制作用,整个预算的编制和执行也能逐步规范,预算管理水平会得以提高。

尽管零基预算法和传统的预算方法相比有许多好的创新,但在实际运用中仍存在一些"瓶颈"。

(1)由于一切工作从"零"做起,因此采用零基预算法编制工作量大、费用相对较高;

(2)分层、排序和资金分配时,可能有主观影响,容易引起部门之间的矛盾;

(3)任何单位工作项目的"轻重缓急"都是相对的,过分强调项目,可能是有关人员只注重短期利益,忽视本单位作为一个整体的长远利益。

3.4 预算管理制度

3.4.1 引起预算失败的原因

预算的失败带来的影响不仅仅是关乎预算本身,更严重的是损害组织内的信任关系与工作秩序。外部环境的非正常变动、战略方向或节奏的重大调整、人员的更替等都可能对预算的效果产生决定性的影响。从预算管理的角度归纳,失败主要有以下原因。

(1)预算与企业的实践相脱节,缺乏必要的客观性

很多企业以历史指标值和过去的活动为基础,确定未来的预算指标值,没有认真地对企业的未来活动做评估,预算指标值缺乏客观性,难以成为考核和评价员工的有效基准。有的企业在编制预算过程中,并没有为下级部门预留充分的研究与设计时间,下级部门仅仅是为了应付工作。更可怕的是,大家都习惯了在预算下达后进行临时调整,而不尊重最初的预算编制过程。

(2)预算编制没有业务部门参与

预算可能只是由财务部门来独立完成,在预算编制过程中也没有收集任何资料。但由于信息不对称,财务部门并不能很清楚地了解一个生产部、营销部等业务部门的实际情况,最终在预算执行时不能很好地起到业绩考核的作用。

(3)信息不对称

在预算管理中,信息不对称存在三个方面:一是下级管理者拥有与预算有关的信息而上级管理者不拥有;二是上级掌握的信息没有与下级充分分享,上下之间缺少对战略的统一认同;三是各部门之间缺少信息沟通,各自为政,信息孤岛现象突出。这种不对称既表现在预算编制过程中,也表现在预算执行过程中。

(4)预算编制时出现的讨价还价情况

各个利益集团的目标不一致和利益冲突,基层管理人员和上级管理人员是相对立的利益团体,对于基层人员来说,他们更倾向于维护个人的或者说是本部门的局部利益,而不是一个企业整体的长远利益。基层管理人员的主要目的是想借助于企业目标达成个人目标,并不会认为自己对上级下达的预算负有不可推卸的责任。当企业目标与个人目标不一致时,他们更倾向于达到个人利益。在这种情况下,如果对他们施加压力,强令预算的执行,会引起他们的厌恶甚至敌意,导致破坏预算实现的行为。

(5)防备上级的层层削减或层层加码

参与预算意味着参与者可以为达成自己的意愿"讨价还价"。达成预算的过程实质上是责任中心的管理者和其上级进行协商谈判的过程,已经通过的预算就是一份双边协议,协商过程就是一场博弈。通常,下级预算方案上报后,上级会根据整个部门或整个企业的目标和资源配置情况对预算进行调整、协调和平衡。下级为了防备上级的层层削减或层层加码而将各项指标定得很宽松;上级管理者考虑到这一点,必然会采取相反的措施。这就形成了一个恶性循环,后果是预算松弛逐步制度化,使得编制出来的预算标准越来越远离实际。

(6)执行预算管理过程中缺乏有效的考核与激励措施

以预算标准考核责任单位和责任人,并以考核结果来执行奖惩时,被考核方过多强调了客观因素对绩效的不利影响,而故意回避主观方面的原因;考核方法则常常掺杂个人情感,使考核在"有色眼镜"下进行,或者没有配套的奖惩措施,缺乏应有的激励机制,使考核流于形式。

(7)缺少战略引领

企业没有清晰的战略导向,每个部门对未来的工作难以形成客观的判断,致使预算工作与企业发展战略不匹配。

3.4.2 提升预算管理绩效

预算管理的目标是实现目标、工作过程与人力资源活动的和谐。创业企业难以建立高度系统化的预算体系,为提高预算管理的效果,需要将重点放在决策、中间执行者及评价环节,通过对这些关键点的把握,保证合适的人能够获得合适的资源支持、通过合适的工作过程实现既定的目标。

(1)确定预算编制主体

企业在预算编制过程中应先设立预算编制委员会,由企业最高领导担任主席,成员由企业重要职能部门的经理组成。预算编制委员会是预算编制的最高权力机构,主要职责是预算目标的下达、预算方案的审核,并对后续的预算实施行使监督职能,解决预算实施过程中各部门之间的矛盾,随时发现预算实施过程中出现的偏差,并进行及时调整。

预算委员会的组建要坚持权威性、全面代表性、效率性原则。

①权威性原则

权威性原则指的是制定的预算要有权威性,能在实际工作中得以切实贯彻,其成员也要对各自部门的活动具有绝对控制权。

②全面代表性原则

全面代表性原则指的是能全面代表各部门、各层面的利益并使其在预算中都能得到合理的体现。

③效率性原则

效率性原则是指要保证委员会的工作效率。这决定了成员数量不宜过多,要做到精干、高效、统一。

(2)预算制定流程的选择

①自上而下

早期的预算大多是上级部门确定预算目标,然后分解到各部门。这种"自上而下"的预算编制流程能将企业目标直接体现在企业预算之中,体现了预算的权威性,但由于这种预算编制流程对基层的信息掌握有限,容易使预算脱离实际,使预算难以发挥其计划、协调、控制的作用。

②自下而上

“自下而上”的预算编制流程是由下级职能部门提供数据，预算编制委员会对这些数据进行汇总，确定预算总量，然后再分解到各个部门。这种编制流程虽然在一定程度上解决了预算严重脱离实际的情况，但是在上下级及职能部门之间的信息交流依然不顺畅，无法做到有效沟通。

③上下结合

预算委员会下发预算关键指标，例如预期销售量、生产成本、目标利润等。各职能部门根据上述目标，准备预算数据，并上传至委员会。预算委员会据此制定预算总量指标并初步分解到各职能部门。各部门根据分解的预算指标制订本部门的预算，并上报预算委员会进行审核和汇总。预算委员会编制全面预算，下发到各职能部门。

(3)责任明晰

企业全面预算是对企业总体计划的细化和具体化。因此在预算实施过程中要建立预算管理责任制度，使预算管理责任化，将企业预期目标具体到各职能部门，为各部门确定奋斗目标。这个目标的完成情况取决于各部门的实际执行情况，为此，企业要建立一整套完善的激励制度，以便激发员工完成预算目标的积极性。这一制度不但要涉及精神鼓励，还要有物质奖励；不仅有近期的奖励，也要有长期的激励。

(4)管理自主

预算既然具体到各职能部门，那么预算委员会就要赋予各部门相对等的管理权力，实现在预算委员会监督之下的各部门自主管理。所谓自主管理就是企业各个部门责任单位，以批准的本部门的责任预算为行动目标，在自己的责任范围内，及时发现预算执行偏差，主动分析其产生的原因，针对原因自行找出解决问题的措施，并付诸实施，保证责任预算的完成。自主管理以本部门的积极主动的管理为主，以企业预算管理委员会的指导和协调为辅，形成靠经济活动的实际执行者来自主自觉地实施相应的预算管理，这是预算管理的一个较高境界，也是最为有效的境界。

(5)严格考核

严格考核不仅是为了将预算指标值与预算的实际执行结果进行比较，肯定成绩，找出问题，分析原因，改进以后的工作，也是为了对员工实施公正的考核，以便奖勤罚懒，调动员工的积极性，激励员工共同努力，确保企业战略目标的最终实现。同时，企业考核预算指标时，必须分清部门和业务的性质，对标准成本中心，实际成本低于预算通常是有利差异；但对酌量性费用中心[①]，实际成本低于预算未必有利。鉴于此，一旦确定了预算标准，就没有必要再向下级施加压力，要求有利的预算差异，更不应在评价业绩时赋予有利差异过多的权重。在预算管理编制时，应确定预算口径，严格界定各费用的性质，明确地把企业日常发生的费用归集到各费用科目，减少对费用预算口径理解上的随意性。

对于费用性质，把企业费用分为部门经费和部门责任费用。部门经费由各责任中心负全面控制责任，各部门享有较大的自主权，它是企业考核部门的主要依据。部门责任费用是无法

① 酌量性费用中心与标准成本中心的一个主要差异在于：一旦确定了预算，那么向下级管理人员施加压力，使其实际成本低于预算的做法未必有利，也不能成为评估效率高低的依据。酌量性费用中心的控制最终还需由专业人员对该中心所提供的劳动水平和质量做出有根据的判断。

确定哪个部门消耗的费用，各责任中心间接消耗，或直接消耗但根据企业规定不受责任中心控制的费用，一般很少对其进行考核。部门责任费用通常由企业统一控制，但必须设立责任费用归口，根据"谁支出谁负责"的原则，确定合适的责任中心。年末考核时，应分别根据各费用的性质，分别做出奖惩。

(6)对于预算执行过程进行控制

在预算管理中推行偏紧的控制，严格依据预算的实现程度来考评责任人业绩；对于支出性项目必须严格控制在预算之内，而收入项目也必须完成。预算过程中实行偏紧控制，首先能防止管理人员浪费和低效率；其次，持续的压力促使管理者寻找新方法改善现在的经营，创造新的措施来实现预算目标。例如，由预算管理委员会协同各二级单位相关预算执行部门制定费用控制卡、计划领料卡来控制预算的执行。根据成本费用项目的性质、金额以及相对责任中心的重要性，对控制卡分别采用按年或按月控制。企业在执行预算控制时的过程通常是：

①根据年度预算标准，编制月度支出计划。以费用进度分解表为依据，每个部门于月末编制下月的费用支出计划，作为本部门下月费用支出控制的直接依据。

②预算信息反馈。财务部每月初及时将上月费用执行情况反馈到各部门，各部门及时核对。

③预算差异分析。各部门对本部门经费和部门责任费用实际发生额与费用计划进行比较，当预算差异达到一定程度时，必须写出分析报告，并报预算管理小组。

3.5 预算管理方法与技术

3.5.1 情景分析法与预算管理软件

由于未来是不确定的，财务决策既要考虑企业的预期值，还要考虑其不确定性。因此，不确定条件下的资金需求估计方法具有特别价值。未来的每一种不确定性即是一种特定的情景，此情景是由多个变量组成的综合情况。概括地说，情景分析的整个过程是通过对环境的研究，识别影响研究主体或主体发展的外部因素，模拟外部因素可能发生的多种交叉情景分析和各种可能前景的预测。

采用情景分析法编制预算大致需要经过以下步骤：

(1)主题的确定。

(2)主要影响因素的选择。

(3)方案的描述与筛选：将关键影响因素的具体描述进行组合，形成多个初步的未来情景描述方案。

(4)模拟演习：邀请公司的管理人员进入描述的情景中，面对情景中出现的状况或问题做出对应策略的过程。

(5)制定战略。

(6)编制预算。

计算机软件和仿真技术为情景分析法的深度应用提供了得力工具，决策者应用仿真系统即可获得对未来不确定性的一定认识。

预算管理系统运用现代网络与信息技术，融经营(业务)预算、资本预算、薪酬预算、财务预算于一体，是企业在全球范围内优化资源配置、提高运行质量、改善经营效益、加强风险管控的有效管理工具和管理机制。预算管理系统一般具有支持弹性预算①编制的功能。

3.5.2 作业基础预算

作业基础预算是作业管理系统的一部分，它以企业发展战略和顾客的需求为出发点，以企业各环节工作流程为基础，通过对各工作环节所耗的人力、物力、财力进行分析，来改进企业的业务流程，进而更合理地预测成本并实施有效控制。ABB以作业为核心，把控制基点从传统的生产部门和责任中心，转移到过程控制和工作团队。作业基础预算的编制路径是：结合企业战略规划，通过价值链分析，确定增值作业与非增值作业，消除或改进非增值作业，从而改造企业的业务流程，并根据客户链预测相应的作业量，在此基础上预测资源的需求量，将此需求量与企业的实际资源量进行比较，并进行适当调整以实现平衡，从而更合理地预测并实施有效控制。

作业基础预算主要包括以下内容：

(1)制定企业战略目标和业绩目标。战略制定流程起始于对顾客需求、市场和竞争状况以及企业所处竞争地位的分析。以此为基础制定企业的战略目标，并将这些目标转化为作业层次的目标。这一步是形成作业预算的基础。

(2)价值链分析。与作业管理中的价值链分析相同，价值链分析是指通过分析作业链上的作业对最终产品价值的形成是否必要，消除不必要的作业，以优化企业的作业链。作业链分析不仅在生产环节进行，还应包括对材料供应和产品销售环节的分析。因此，从外延上看，应把供应商和销售商的作业链联系起来分析。

(3)制定预算原则及其衡量标准。预算原则是指预算编制中所应考虑的基本假设和应执行的政策，衡量标准是指对流程或流程产出所包括的各项作业和所能实现的特定目标的量化，且与传统的预算制定方法相似。

(4)把目标和职责落实到流程的分级体系。与层层分解的传统预算一样，ABB预算也是将预算的指标分解落实。所不同的是，作业基础预算的目标和职责的落实不像传统预算那样依靠组织结构，而是依靠每个分级体系的作业和流程。

(5)预算执行过程中的控制与差异分析。预算控制可以用于监控作业预算的执行情况。预算控制具体可分为两种形式：一种是面向未来的前摄性控制，包括在作业预算编制过程中设定经营目标、业绩计量标准以及业绩评价与考核标准，前摄性控制可以及时发现作业执行过程中所存在的问题；另一种是反馈式控制，对预算实际执行情况进行计量，并将计量结果与预算标准进行对比，对出现的偏差及时加以反馈，反馈性控制可能会由于存在时滞而付出较高的代价。

(6)预算执行结果的评价与考核。通过将各责任中心的预算实际执行结果与预算额进行比较，可以对各作业中心的成本控制情况进行全面分析、评价，进一步明确成本差异形成的原因和责任，将有助于管理部门对成本实施有效的控制和调节，并按预算执行结果的好坏进行奖惩，保证企业预算目标的实现。

作业基础预算较之传统预算方法有其优势：

---

① 弹性预算是相对于固定预算而言的，它以未来多种可能的业务水平为基础进行编制，分别反映在各业务量水平下的收支情况。

(1)实施作业基础预算有利于企业的长远发展。传统预算通常无法将组织战略与其预算流程联系在一起,许多管理者并不清楚他们所制定的经营预算是否有助于企业战略的实现。作业基础预算以作业成本法为基础,是在考虑了企业的长远发展战略的基础上划分的,以企业长期发展战略为前提和导向,是对企业战略的具体落实,这种预算有利于企业的长远发展。

(2)ABB预算体系有利于费用的持续改善。传统预算通常以上年耗费为基础,依据通货膨胀和增加收入等因素制定"增量预算",将上年的低效率纳入本年预算通常不能突出成本的削减机会。而ABB则更多地考虑了资源使用的有效性,消除了以往资源使用的浪费和低效,达到了费用持续改善的目的。

(3)ABB预算体系提高了预算的准确性。ABB预算体系彻底消除了传统的全面预算方法下由于固定成本和变动成本人为划分不准确而产生的错误。作业基础预算将企业经济活动划分为各项作业,通过计算每种作业消耗的资源,准确计算每一作业的成本,依据作业成本汇总出企业预算期各种业务活动的成本,大大提高了成本预算的准确性。

(4)作业基础预算相比传统预算更易于被员工接受,实现全员参与。ABB提供了关于作业量的预算数据,这使得基层员工对于预算年度内各月需要完成的作业量有很清楚的认识。从而使预算更容易被基层员工所理解和接受,有利于充分提高基层员工参与预算制定的积极性,提高工作热情,实现全员参与,由此降低了传统预算中员工的抵制情绪,使预算更顺利地执行。

(5)与传统预算方法定位于垂直的组织结构相比,作业基础预算基于作业划分,打破了企业部门之间的分隔,更强调和适应平行的组织结构。

作业基础预算的实施有其前提条件:

首先,作业基础预算的实施需要企业领导的重视和支持。由于ABB预算体系管理既涉及公司战略,又影响日常管理,其性质决定了ABB应该在整个企业高层(董事会、总经理等高管层)的直接领导和参与下进行方案的设计和实施。企业领导应该将预算管理作为企业的一项全面管理系统工程加以重视,直接介入作业预算管理的授权、审批等具体环节,而且在ABB预算管理的整个落实过程中都要求权威领导来加以推动。

其次,需要建立预算管理组织体系。预算管理组织体系是作业预算管理机制运行的基础环境,预算管理目标的实现必须建立在完善的预算组织基础之上,组织的完善是确保ABB有序开展的前提与保障。企业应成立由领导和部门负责人组成的预算管理委员会、财务部门牵头的预算办公室,确定由主要职能处室组成的预算管理职能部门等组织体系。

再次,实施作业基础预算需要提高信息技术水平。作业基础预算是一项十分繁杂的系统工程,从编制到执行、控制,工作量非常大,这就需要有先进科学的内部信息系统来支持;利用预算管理软件进行预算编制、执行和控制等日常管理工作,提供准确的数据报表进行预算分析;利用计算机网络,实现预算信息及时传递和共享,达到预算的即时监控和修正的目的。

此外,实施作业基础预算还需要全面提高财务人员的素质。实施作业基础预算管理不仅仅是财务部门的工作,但它的确需要财务部门的全力投入。预算管理的核心是财务管理,它不仅要求财务人员熟悉自身业务,而且要能将财务管理和生产营销管理密切结合,使财务管理真正落实到每一个具体环节,这必然对财务人员提出了更高要求。

最后,还需要健全作业预算管理的奖惩机制。成功的预算管理,必定有激励和约束双重机制发挥作用,既能充分激发员工的积极性,主动完成预算任务,实现企业经营目标,又能避免经营者做出对预算不利的行为。要健全预算考评体系,通过使预算执行结果的考评与经济责任制考评相挂钩，使预算真正发挥好激励和约束的作用。

本章总结

基本概念

预算、全面预算、现金循环周期、预算编制主体、情景分析法、仿真模拟、作业基础预算、零基预算、前摄性控制、反馈性控制

思考题

(1)预算对管理者有何帮助？

(2)实施预算管理需要哪些条件？

(3)全面预算有何特点？

(4)全面预算包含哪些内容？

(5)销售预算在预算体系中处于什么位置？

(6)引起预算失败的原因有哪些？

(7)如何理解业务部门参与预算编制的意义？

(8)预算和战略应该哪个在前？

(9)提高预算管理绩效的关键点有哪些？

第4章

融资

根本的、核心的创业过程是高潜力企业获得极大成功的原因。尽管企业、创业者、地理环境和技术千差万别，但都是核心问题或驱动力主导了高度动态的创业过程。这些核心问题或驱动力包括：商机、创业带头人和创业团队、关键资源等。创始人和投资者在勤奋的工作中主要关注这些可控的因素，并在期间寻求一种均衡。百森商学院的杰弗里·蒂蒙斯[①]用图4－1的模型描述这个过程。

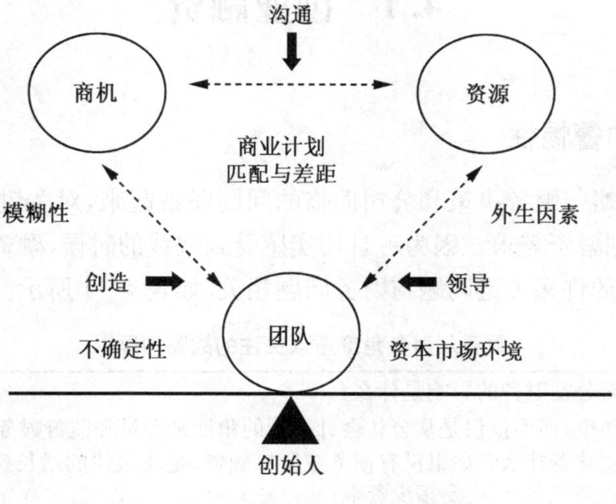

图4－1　创业过程的蒂蒙斯模型

资源是其中的关键因素之一，尤其是资金，往往被创业者认为是决定性的。但理论和实践都表明，商机才是这个过程的起点。投资家和成功的创业者常常说，创业者可能遇到的最大的麻烦之一就是：过早地拥有太多资金。对于资金，重要的是创造和节约。

2013年中国青年报社调查中心通过民意中国网和搜狐网进行的调查显示：关于“当前青

① 杰弗里·蒂蒙斯是百森商学院的教授，其《创业学》教材享有盛誉，这本教材始终信奉着一条核心原则：探索创业过程更高层次的知识和更有效的学习方法。

年创业亟须解决的问题有哪些?”这一询问,71.0%的受访者首选“融资贷款难,缺乏创业资金”,62.9%的受访者认为“创业扶持政策力度不够”,56.9%的受访者选择“注册审批手续繁琐”。其他依次为:中小企业税费负担过重(54.2%);缺乏创业指导(53.2%);市场恶性竞争严重(50.2%);市场垄断严重(51.8%);大城市居不易,小城市没机会(45.1%);创新激励不足(34.5%)等。这组数据或许可以表明创业困难重重,但更让人担忧的是社会对创业的认识缺少客观和理性。这些数据表达的一个中心意思是缺少资源,然而,任何创业行为都是在创业资源不足的情况下开始的,任何国家、任何时期的创业者都会面临资源少、融资难、支持不到位、竞争严重等问题。当一个人将缺少资金视为阻碍自己创业的第一要素的时候,恰恰表明他缺少的不是资金,而是对创业的正确态度。

融资是任何一个创业者都会面临的问题,创业者需要站在理性的立场去思考和行动。解决融资问题的根本在于机会和项目,其次才是融资的策略和方法。本章关注后者,并将重点就下列问题展开学习。

如何理解创业融资决策?

天使在哪里,如何争取天使投资?

如何向银行融资?

风险投资是否适合初创项目?

除了天使、银行、风投,创业企业可以选择的融资方式还有哪些?

上市距离创业企业有多远?

4.1　创业融资

4.1.1　财务的警惕性

创业者需要将战略与财务决策和公司面临的问题联系起来,对关键战略和财务问题保持警惕性,以便尽早识别融资需求。因为一旦切实感受到缺钱的时候,融资的最佳时机可能已经错过了。企业发展中的许多关键问题与财务问题相关,如表4—1所示。

表4—1　需要从财务角度重点关注的战略问题①

l	关键商业决策对公司财务的影响是什么?
l	如何从管理的角度,而不仅仅是从公认会计准则的角度来衡量和监督财务战略和财务结构的变化?
l	行业增长过快意味着什么?如果没有债务或股权融资,企业最快的增长速度为多少?如果我们的成长速度提高或降低X%,需要多少资本?
l	如果我们的成长速度加快或放慢X%,我们的现金流、盈利率、资产回报率和股东权益将发生怎样的变化?
l	这需要多少资本?多少通过内部融资获得,多少必须从外部资源获得?债务资本和股权资本的合理组合是怎样的?
l	如果我们的利润比计划要求的多20%,会怎么样?少20%呢?
l	我们的关注点和优先次序应该是什么?我们每条产品线的现金流和收支平衡点在哪里?对我们公司来说在哪里?对我们的事业部来说在哪里?

① 杰弗里·蒂蒙斯、小斯蒂芬·斯皮内利:《创业学》,人民邮电出版社2005年版。

续表

l	我们的定价、数量和成本是多少？我们的现金流和净利润对价格、可变成本或数量的增加或减少的敏感度是多少？
l	定价、数量和成本的变化将如何影响我们的主要财务比率，我们将如何与行业中的竞争者较量？我们的贷款人将如何看待这些？
l	在每个阶段——初创、快速成长、停滞或成熟阶段——我们应该怎样考虑这些问题？

但是具备娴熟财务技巧的创业者是少数，大多数创业者不善于从财务角度思考，或者容易忽略经营战略与财务之间的联系。借助检核表法将对财务的反思纳入企业决策研讨过程是一个简单而有效的策略。

表 4—2　　建立财务与战略之间联系的检核表①

序号	问题	回应
1	该项活动会影响哪些财务变量？	
2	影响的程度有多大？	
3	如何应对这种变化？	
4	是否需要对现有的财务政策做出调整？	
5	哪些人受到影响？	
6	谁来负责下一步的行动	

4.1.2　创业者需考虑的关键问题

价值与风险永远是并肩而行的，融资在获得资金的同时，也需要创造价值，在利益相关者之间进行价值分割。相比于成本计算及融资策略等技术性问题，创业者更需要思考融资过程中的核心问题。这些核心问题是：

(1)创造价值

新的资金进入会降低原有投资人对利益的要求权，因此，企业必须考虑为谁创造价值，从而形成现金流并使其获得丰厚的回报。

(2)分割价值

在不同利益相关者之间，企业将如何分割其创造的价值不仅关系到现有创业团队的利益，而且关系到潜在资金提供者是否有兴趣加入。如表 4－3 所示，A 公司如果完全是以自有资金经营，其净利润要高于有债务融资的情况。在有债务融资的情况下，权益报酬率(权益报酬率＝净利润/所有者的权益投资)是 20％，没有债务融资的情况下权益报酬率是 15％。

(3)考虑风险

美国一个研究机构跟踪研究了 157 个新创企业，这些企业达到盈亏平衡点的时间可能要用 30 个月，收回初期投资用 75 个月。即现金在很长一段时间都处于出超状态。这种现象表

---

①　检核表法是指在考虑某一个问题时，先制成一览表对每个项目逐一进行检查，以避免遗漏要点。对于不善于运用专业技术进行决策的创业者，检核表法对提升决策的专业性具有帮助。

明，企业没有能力承担大额的债务。①

表 4—3 A公司比较资产负债表和损益表

财务资源对财务成果的影响			
100%权益融资		负债权益比为1∶1的融资	
资产负债表			
总资产	2 000 000	总资产	2 000 000
负债	0	负债	1 000 000
权益	2 000 000	权益	1 000 000
负债与权益合计	2 000 000	负债与权益合计	2 000 000
损益表			
经营利润	300 000	经营利润	300 000
利息费用	0	利息费用	100 000
净利润	300 000	净利润	200 000

(4)议价能力

企业现金流的状况是决定企业在融资过程中议价能力的关键，现金消耗率、何时用完现金、结束融资时间是三个重要参数。如果现金很快就将用完，意味着你根本就没有议价能力，因为你急不可待。

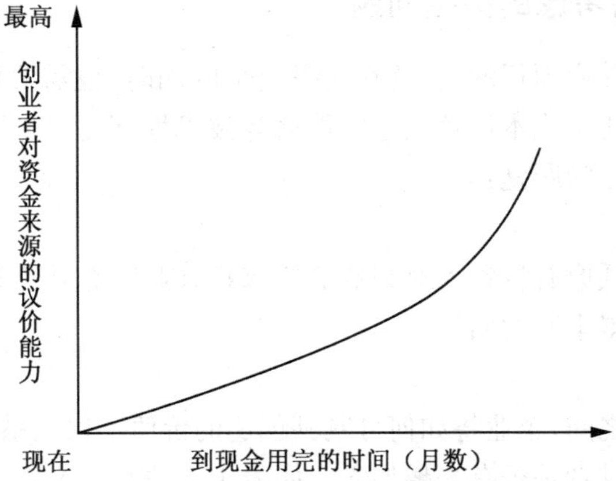

图 4—2 从OOC时间来看创业者融资议价能力

4.1.3 确定融资需求

商机引导并决定了企业战略，然后企业战略又决定了财务需求、融资来源和交易结构及财务战略。因此，对商机的识别与开发是确定营运资金需求和长期资金需求的起点。

当创业者向潜在资金提供者(融资源)表达资金需求时，对方首先关注的问题是：这些资金

① 盈亏平衡点(Break Even Point，BEP)又称零利润点、保本点、盈亏临界点、损益分歧点、收益转折点，通常是指全部销售收入等于全部成本时(销售收入线与总成本线的交点)的产量。

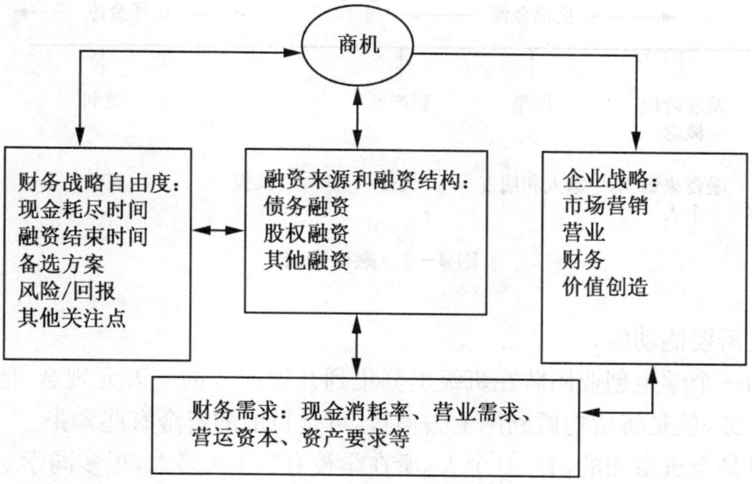

图4—3 融资战略思维

用来做什么。接下来的问题是：是否安全。第三个问题是：回报的水平及回报方式。因此，确定资金需求要解决的核心问题不是需要多少资金，而是确认这种需求生成的逻辑是否合乎企业发展及投资人的利益诉求。

4.1.4 创建期融资战略

一个新企业从创意到设立需要1～3年的时间，企业创立以后3～4年是非常脆弱的时期。在上述两个阶段，虽然也有幸运的创业者能得到风投的关爱，但却是特例。通常来说，新创建的企业从外部渠道获得资金的能力非常有限。对于新创企业，资金通常是通过创办者个人的资源、个人的信用价值及内部产生的现金流混合在一起来筹集的。在此阶段，主要的融资源是朋友、家人、天使，即所谓的3F投资者。

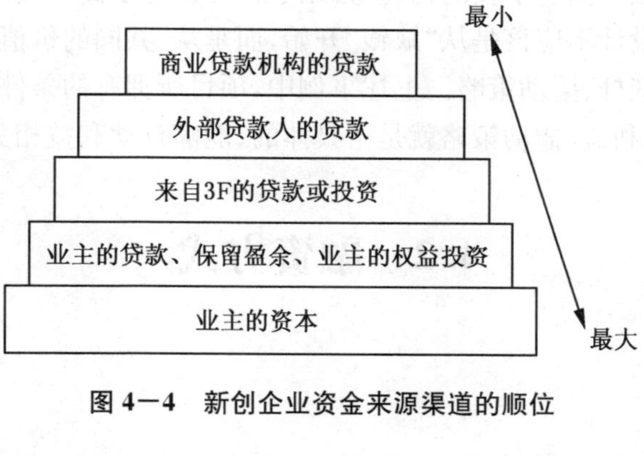

图4—4 新创企业资金来源渠道的顺位

在新创办的企业中要考虑的另外一个因素是将各种资源结合起来的能力。通常来说，与那些由团队创办企业的情况相比，独自创业的企业主在创办过程中要面临更大的使用自己资金的压力。有研究表明，独自创业的企业主只能够利用47%的负债（负债占总筹资额的比例）为他们的新企业筹集资金，而团队创业则能够利用62%以上的债务资金来源，这意味着独自创业的企业主更多依赖他们自己的权益资金和3F投资者的资金。

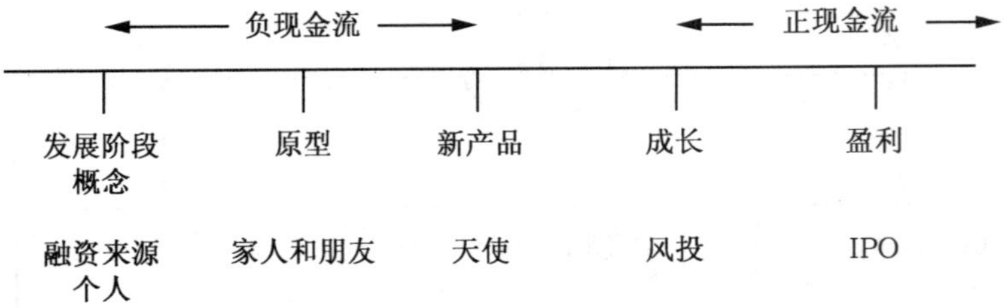

图 4—5 融资图谱

资本市场是需要撬动的。

笔者指导的一个学生创业团队在班级里募集到开展业务的一万元现金，他们打算开展电子商务方面的业务，就是将货物搬到网上去销售，可是目前的资金有些紧张。

他们的项目是全班参加的，有 30 个人，所在学校有10 000多人，很多同学对网上开店有兴趣，学校也很支持，他们还能拿到学校创业基地的一个免租场地，目前团队里有几个同学已经有了自己的网店。

一种办法是按照现有的资金能力去做，这样进展会很慢；另一种办法是去争取新的资金加入。他们决定去尝试第二种办法。他们选派了代表去找进货商，希望能拿到更低价格的货物。当对方听到他们只有不到一万元的货款时，马上表现出极大的不耐烦，根本不愿意谈什么合作。

如果是你，你会怎么考虑这个问题呢？这个团队选用了最传统的办法，就是将自己的资金当作货款，然后争取采购环节的折扣或者信用，这种方法需要有合作基础和一定的采购规模才能有效，所以他们失败了。或许换一种思路更可行，就是此前提到的资本思维。将团队现有的资金、团队、免费场地、网店、校园市场等作为自己项目的价值点，以此来撬动供货商的资本或者其他社会资本（例如学校的、政府的、行业协会的），撬动的杠杆就是团队能够为供货商、学校、行业协会等利益相关群体提供电子商务方面的服务价值，例如帮助供货商在大学生群体中推广品牌，帮助协会加强厂商与学校的沟通，帮助学校提供电子商务方面的人才训练，等等。

所以，融资战略的设计不应该是从“缺钱”开始，而是从“共同的价值”开始。其战略的要件包括项目的价值基因、杠杆、撬动策略。上述事例中，项目所拥有的条件就是价值基因，杠杆就是电子商务领域的共同利益，撬动策略就是指具体的、能够打动利益相关者的执行方案。

4.2 融资方式

4.2.1 天使

家人和朋友无疑是最重要的天使，向家人和朋友融资并不简单，因为除了经济上的问题需要考虑之外，还要注意不能伤害感情关系。因此，采用慎重而理性的操作方式更为重要。

在正式融资前需要对自己圈内的家人和朋友进行评估。

首先，了解一下这些亲人和朋友以前是否做过早期投资，有些人即便有钱也不一定愿意把钱投资到初创项目里。

其次，要了解他们的财务状况，知道谁能够给你投资，以及能够承受多大的投资额度。

再次，还要确定寻找几个投资人，将公司总的融资额度划分成几份，给每个人的投资额度不要太大，比如5万～10万元，这样找到3～5个人就能筹到让公司往前走一大步的启动资金。

最后是要了解投资人希望合作的方式，要明确他是要股权还是仅仅愿意提供借款，而且要进一步了解投资人对介入项目的方式有何期待。

在此过程中，要深入评估投资人是否是合适的团队伙伴。

表4－4　　把握身边的天使

列出那些可能是天使的人
分析这些人当前的财务情况，确定重点对象
评价重点对象的行为特征，判断其是否是合适的合作者及其可能的出资方式
意向性接触，初步探明其对项目的看法和态度
准备有针对性的创业计划沟通脚本，逐个沟通
重新评估意向出资人的意愿和方案
确定第一次融资的对象及后备对象

另外，在跟家人和朋友做融资推销之前，要提前设计好讲解创业计划的脚本，让家人和朋友知道你已经做过充分的准备是很重要、很有必要的。你可能没办法准备得尽善尽美，但是写一份简单的商业计划书，会让你跟他们沟通的时候充满信心。

俗话说"兔子不吃窝边草"，因为窝边草是最后的保护。家人、朋友是创业者的窝边草，值得特别珍视。在向家人、朋友融资时要注意避免如下问题。

(1)以股权为吸引换取资金

家人和朋友的慷慨解囊，首先是因为感情，其次才是获取回报。资金资助的方式是可选择的，如果因为感情的原因，承诺给资金提供者股权，甚至是高比例的股权，可能为公司发展埋下隐患。

(2)超出承受能力

如果对方的经济条件较为优越，他答应给你10万元的资金支持，承诺可以免息用三年，这是可以接受的。但是，如果这个人的家庭生活比较拮据，虽然他出于情感可以拿出10万元，但是你却要十分慎重。因为创业是高风险的，这个人是否可以承受损失带来的打击，需要你认真权衡。

(3)夸大其词

面对亲人和朋友，强调风险远比突出回报更现实。如果你自认为自己的项目在经济上可以获得10分，最好的办法是告诉他们这个项目最高的分数是8分，而且要说明将要面临的具体风险。

(4)权利不明

资金提供者在你的公司中究竟享有何种权益，要提前讲明。如果是以股权的形式存在，那么要进一步明确股权的比例、决策中的表决权份额、是否对新一轮融资具有优先权等。

(5)没有协议

仅凭口头约定、没有书面协议的做法为彼此的信任和长期合作带来负面影响。现实中诸多该领域的法律纠纷往往因为缺少书面协议而陷入僵局。

(6)沟通不利

有的创业者或资金提供者或许是因为所谓的“面子”,也可能是觉得彼此有牢固的感情基础,因此会忽略沟通的环节。在双方尚未就主要问题达成共识的情况下便签订了融资协定,并由此引发争执。

除了家人和朋友,另外一类天使是私人股权投资,这是一个很宽泛的概念,用来指任何一种股权资产不能在股票市场自由交易的投资。主动的天使投资人会主动投资私人股权企业。被动的机构投资者可能会投资私人股权投资基金,然后交由私人股权投资公司管理并投向目标公司。

根据被投资企业发展阶段划分,私募股权投资主要可分为创业风险投资(Venture Capital)、成长资本(Development Capital)、并购资本(Buyout Capital)、夹层投资(Mezzanine Capital)、Pre－IPO 投资(Pre－IPO Capital)以及上市后私募投资(Private Investment in Public Equity,PIPE)。

所有有闲钱愿意做投资的公司或个人都可以叫天使投资者,他们更多参与早期容易参与的项目,也有天使敢于投资大项目,不过一般受资金实力和个人能力范围限制或各种因素干预而不能如愿。

私募股权基金(Private Equity,PE)是投资者把钱交给专业投资机构,由其将钱投资到预期具有高成长性的未上市公司里,获得公司部分股份,此后通过转让股权或被投公司在证券交易所上市后交易卖出获利。

私募股权基金一般投资于私有公司即非上市企业,并且其项目选择的唯一标准是能否带来高额投资回报,而不拘泥于该项目是否应用了高科技和新技术。换言之,关键在于一种技术或相应产品是否具有好的市场前景而不仅在于技术的先进水平。

私募股权基金大多采用权益投资方式,对被投资企业的决策管理享有一定的表决权。反映在投资工具上,大多采用普通股或者可转让优先股以及可转债的形式。私募股权投资者通常参与企业的管理,主要形式有参与到企业的董事会中,策划追加投资和海外上市,帮助制定企业发展策略和营销计划,监控财务业绩和经营状况,协助处理企业危机事件。

4.2.2 风险投资①

相比于一般的天使投资,创业投资公司的投资对象大多是初创或快速成长的高科技企业,偶尔它们也会投资于市场前景广阔的传统行业、具有新的商业模式的零售业或某些特殊的消费品行业。这些行业一般提供高附加值的技术、产品或服务,并能获得长期而且有保障的赢利。

创业投资公司只投资于还没有公开上市的企业,它们的兴趣不在于拥有和经营创业企业,其兴趣在于最后退出并实现投资收益。由于创业投资的资本较公共股票市场投资资本流通性要低很多,所以其追求的回报率也相对高一些。大部分创业投资公司为了减少风险,不谋求在企业的控股地位,只有在投资公司谋求控制被投资公司的经营方向时才会刻意追求成为最大股东;投资公司管理人员一般也不参与被投资企业的日常管理,主要依赖于在投资前用一套详

---

① 《创业投资企业管理暂行办法》于 2006 年 3 月 1 日实行。2013 年 8 月 9 日,中国证监会在其新闻发布会上表明,证监会正在起草私募投资基金管理办法,拟将私募证券投资基金以及包括创业投资基金在内的私募股权投资基金等各类私募基金纳入统一调整范围。

细的项目可行性审查程序去评估投资成功的可能性。分红不是创业投资家经营运作追求的目标，创业投资公司的目的是希望通过被投资企业的快速发展，来带动它的投资增值，并在恰当的时候套现退出。退出的方式可以是公开上市（IPO）、出售股权给第三方（Trade Sale）、创业企业家回购（Buy Back）或清盘结算（Liquidation）。

表4—5　风险投资家的偏好

机会的维度	偏好	理由
投资规模	300万－1500万美元	小额投资交易成本高，大额投资有风险
筛选	投资的企业不到推荐企业的1%	很少有企业能达到标准
产业	高科技	科技提供了高增长率
控制权	控制范围超出股权比例范围	投资者想要获得对企业发展方向的控制权
所有权	低于50%	不想减弱对创业者的激励
竞争优势	独特优势，例如专利	投资者需要看到已有的竞争优势
退出战略	计划首次公开上市或被已建企业兼并	风险投资家需要提取现金并且归还投资者所提供的资金
管理	有经验的团队、诚实的团队、互补的团队	希望获得可以信赖而且会经营的团队
市场	没有现存竞争对手的、容量大而且正在成长	风险投资家需要容量大而且正在成长的市场以避免直接竞争
产品	比现有产品更好地满足需求而且有高额的毛利润	投资需要确保有明确的市场需求，同时顾客有充分的转换理由

4.2.3　其他融资途径

新企业的主要债务资本源是商业信用贷款、商业银行、融资公司、担保机构、租赁公司等。

表4—6　根据融资期限划分的融资源

融资源	融资期限		
	短期	中期	长期
商业信用贷款	可以	可以	可能
商业银行	多数情况可以	可以（以资产为基础）	较少
租赁机构	极少	较少	可以
担保公司	可以	较少	很少
融资公司	可以	可以	较少
保险公司	可以	较少	很少

融资租赁是指出租人根据承租人对租赁物的特定要求和对供货人的选择，出资向供货人购买租赁物，并租给承租人使用，承租人则分期向出租人支付租金，在租赁期内租赁物的所有权属于出租人所有，承租人拥有租赁物的使用权。租期届满，租金支付完毕并且承租人根据融资租赁合同的规定履行完全部义务后，租赁物所有权即转归承租人所有。尽管在融资租赁交易中，出租人也有设备购买人的身份，但购买设备的实质性内容如供货人的选择、对设备的特

定要求、购买合同条件的谈判等都由承租人享有和行使，承租人是租赁物实质上的购买人。

融资租赁是集融资与融物、贸易与技术更新于一体的新型金融产业。由于其融资与融物相结合的特点，出现问题时租赁公司可以回收、处理租赁物，因而在办理融资时对企业资信和担保的要求不高，所以非常适合中小企业融资。此外，融资租赁属于表外融资①，不体现在企业财务报表的负债项目中，不影响企业的资信状况。

担保公司是提供第三方担保服务的机构。个人或企业在向银行借款的时候，银行为了降低风险，不直接放款给个人，而是要求借款人找到第三方（担保公司或资质好的个人）为其做信用担保。担保公司会根据银行的要求，让借款人出具相关的资质证明进行审核，之后将审核好的资料交到银行，银行复核后放款，担保公司收取相应的服务费用。

在选择担保公司的时候要注意审查其合法性。当担保公司提出如下要求时，应当提高警惕：贷款尚未成功便要求支付中介费用或利息，利息低于银行的标准，对贷款人的资质并未进行严格审查，在电话或网络上便承诺可以保证落实贷款，等等。

小额贷款公司是由自然人、企业法人与其社会组织投资设立，不吸收公众存款，经营小额贷款业务的有限责任公司或股份有限公司。与银行相比，小额贷款公司更为便捷、迅速，适合中小企业、个体工商户的资金需求；与民间借贷相比，小额贷款更加规范，贷款利息可由双方协商。

保单质押贷款，就是保单所有人以保单作为质押物，按照保单现金价值的一定比例，从保险公司获得短期贷款资金的一种融资方式。保险公司和银行均可以办理该项业务，投保人可以把保单直接抵押给保险公司，也可以质押给银行贷款。目前各保险公司的贷款金额均以保单现金价值的 80%为上限，贷款利率则各有不同，有以同期银行利率基准计算，部分公司同比银行利率有一定上浮，在贷款到期时一并结算。保单的现金价值是指寿险在退保时可以返还的金额，在计算中减去了公司的运营成本。

银行小额贷款是以个人或家庭为核心的经营类贷款，其主要的服务对象为广大工商个体户、小作坊、小业主。贷款的金额一般为 20 万元以下、1 000元以上。

表 4—7　　银行小额贷款申请的基本条件

1. 在中国境内有固定住所或有当地城镇常住户口（或有效居住证明）或有固定的经营地点的、有完全民事行为能力的中国公民；
2. 有正当的职业和稳定的经济收入，具有按期偿还贷款本息的能力；
3. 无不良信用记录；
4. 贷款不能用作炒股、购房、赌博等行为；
5. 贷款人规定的其他银行小额贷款条件。

供应链融资就是根据供应链中企业的交易关系和行业特点制定基于货权及现金流控制的整体金融解决方案的一种融资模式。供应链上的核心企业及其相关的上下游配套企业作为一个整体。一般来说，一个特定商品的供应链从原材料采购，到制成中间及最终产品，最后由销售网络把产品送到消费者手中，将供应商、制造商、分销商、零售商直到最终用户连成一个整

① 表外融资是指不列入资产负债表的融资方式，即不在资产方记录资产的增加，也不在权益方记录负债的增加，常见方式有经营租赁、代销商品、附属公司代母公司负债等。

体。在这个供应链中，竞争力较强、规模较大的核心企业因其强势地位，往往在交货、价格、账期等贸易条件方面对上下游配套企业要求苛刻，从而给这些企业造成了巨大的压力。而上下游配套企业恰恰大多是中小企业，难以从银行融资，结果造成资金链十分紧张，整个供应链出现失衡。“供应链金融”最大的特点就是在供应链中寻找出一个大的核心企业，以核心企业为出发点，为供应链提供金融支持。一方面，将资金有效注入处于相对弱势的上下游配套中小企业，解决中小企业融资难和供应链失衡的问题；另一方面，将银行信用融入上下游企业的购销行为，增强其商业信用，促进中小企业与核心企业建立长期战略协同关系，提升供应链的竞争能力。

目前多家银行都提供面向中小企业的供应链融资业务。从供应链融资业务操作的过程来看，应用这项业务，企业需要具备如下条件：(1)健全的信用记录；(2)供应链体系清晰，与核心企业有稳定的、良性的资金往来关系。

知识产权是智力劳动产生的成果所有权，它是依照各国法律赋予符合条件的著作者以及发明者或成果拥有者在一定期限内享有的独占权利，它有两类：一类是版权(也称著作权、文学产权)，另一类是工业产权(也称产业产权)。版权是指自然人、法人或者其他组织对文学、艺术和科学作品依法享有的财产权利和精神权利的总称。主要包括著作权及与著作权有关的邻接权。工业产权则是指工业、商业、农业、林业和其他产业中具有实用经济意义的一种无形财产权，由此看来“产业产权”的名称更为贴切。主要包括专利权与商标权。

知识产权质押是指以专利权等知识产权作为监督债务人履行债务、保证债权人实现权利的一种担保行为。知识产权的质押与转让、许可不同。质押过程中，知识产权仍属于出质人所有，在质押合同生效后，质权人虽然能够限制出质人的知识产权，但质权人自己也不得实施该知识产权。只有当出质人到期不能偿还债务时，质权人才有权将出质的知识产权拍卖、变卖以实现其权利。

由于专利权等知识产权的实施和变现具有特殊性，早期即使是发达国家的银行也不太愿意使用这种融资方式。而中小企业，特别是科技创新性企业，一般非常需要资金发展企业的业务，但是它们却缺乏抵押担保资产，因此很难获得银行资金支持。为了改变这一状况，美国中小企业管理局开始与一些商业银行合作，为企业提供知识产权质押贷款融资。在他们的努力下，不仅使许多中小科技型企业获得了贷款机会，也同样使得许多商业银行意识到纯粹商业化的知识产权质押贷款依然有获利的可能性。现今，知识产权质押贷款已经成为美国现代商业银行和其他商业借贷者的一项基本业务。

2006年以后，国内出现了很多知识产权质押融资成功案例，主要分为两类：第一类是以完全市场化模式运行，以版权作为质押对象的融资模式，其中以文化创意领域内的贷款融资案例最为典型。如冯小刚在开拍2007年贺岁大片《集结号》时，曾获得招商银行5000万元无担保授信贷款。此前，英国渣打银行也曾向张艺谋提供巨额贷款，用于电影《满城尽带黄金甲》的制作，成为文化产业创作引入银行资金的先例。第二类模式，即针对“成长型科技企业”的银政合作模式。2006年底，上海银行和浦东新区科委共同搭建科技型小企业融资平台，通过知识产权质押等方式，向科技企业提供贷款。该模式也被称为“浦东模式”。

随着电子商务的发展，一些轻资产公司获得了新的融资渠道，就是凭借网络交易信用获得贷款。网店的交易流水、网店级别、网络评价等都可以成为商誉的构成部分，成为银行、担保公司等向网店提供融资服务的评估依据。例如，由于没有抵押物和实体店面，网店贷款没有现成的操作流程，青岛崂山区网店店主李准在多家金融机构碰了壁，直到崂山交银村镇银行专门向上级监管部门申请，修改了个人贷款申请办法，李准才以在淘宝网上的交易明细、销量以及实名认证等有效信息，通过了银行的审核，如愿筹得贷款。国内多个地区已经出台了针对电子商务产业的融资促进办法。

联贷联保是借助企业间的协作，相互担保，降低银行的风险，共同从银行那里申请贷款。联贷联保具有如下特点：

(1)担保条件简单：联保体成员对总贷款额度互保，无须提供其他抵押及第三方担保。

(2)确保经营稳定，贷款安全：联保体成员按一定比例缴纳保证金，在保证金制度的支持下，单个成员的贷款回收不影响其他成员的生产经营。

(3)融资成本降低：联保体成员可以根据经营需要随借随还，财务费用大幅降低。

联贷联保需要企业间有良好的信任关系及一定的还款能力。企业间自愿结合是一种形式，目前通过商会、协会、产业园区、商贸城等来组建联贷联保体的形式更为常见。

一些级别比较高的创业计划竞赛，例如中国大学生创业计划竞赛、中国科技创业计划竞赛、浙江杭州大学生创业计划竞赛等，都会吸引投资者的目光，近些年也有越来越多的青年创业者从中获得了投资支持。这类创业计划竞赛越来越关注项目本身的创新性和可操作性，对团队的运营能力及项目既有的工作基础也更加看重。

创业项目展览会、技术成果交流会、投资洽谈会等展会活动是向投资者展示项目、获取投资的重要平台。类似于连锁加盟、游戏动漫、现代服务业等专业型展会不仅是推介自我的渠道，也是了解市场、技术、政策发展的窗口。

企业孵化器是区域用来刺激经济发展而设计的。他们会为初创项目提供免费的办公空间，以及给予他们所有的服务和便利设施，以便他们可以成功开创他们的企业，这些包括：(1)工作场所；(2)商务服务；(3)市场支持；(4)建立交流的机会和对接创业导师；(5)法律、财务、会计的帮助；(6)接触融资伙伴、天使投资者和风险投资商。

上海恩派公益组织发展中心

恩派(NPI)是在政府主管部门、国内外资助型机构、企业界、学界等关键“拥护群”的支持下发展起来的一个公益支持性组织集合体。2006 年，NPI 首创“公益孵化器”概念，并在上海浦东运作成功，后又通过发起“恩派”系列机构使该模式在上海(浦西)、北京、成都、深圳等地成功复制。至今，这一带有全国示范作用的创新模式已获得来自于政府、资助机构、NPO 业界、媒体和各方专家的高度肯定，被誉为近年来公益领域的重要制度创新。NPI 每年在全国范围内孵化 30 个左右的民间公益组织，为其提供能力建设、场地设备、小额补贴、注册协助等多方面的帮助，在此过程中 NPI 积累和开发了大量适用于中国本土 NPO 的课件和案例，并借此成为国内重要的能力建设机构和案例中心。

4.3 商业计划书、谈判、尽职调查和执行协议[①]

4.3.1 商业计划书

商业计划书是一种书面文件，它解释了创业者的愿景，以及愿景如何被转变为一家盈利

① 本节主要是针对股权性融资情况。

的、可行的企业。商业计划书的具体内容因人而异、因项目而异，但有些基本问题是必须要回答的：

(1)新产品或服务的基本创意是什么？

(2)新产品为何是有用的或吸引人的？

(3)新企业的创意如何实现——在生产、销售与应对现存竞争方面的计划是什么？

(4)谁是创业者——团队是否具有开发创意并经营企业的知识、经验和技术？

(5)如果商业计划是为了筹资，那么需要多少资金，需要何种融资方式，资金如何使用，如何实现投资收益？

为了确保自己的商业计划书受到投资人更多的眷顾，创业计划书的编写需要注意一些基本原则。

(1)商业计划书应当按适当的商务格式进行编排和准备。

(2)商业计划书应该简明。

(3)商业计划书应该是有说服力的。

(4)新企业创意的质量及整合创意的人的素养才是最关键的。

投资人留给商业计划书的时间也许不足5分钟，有些错误可能会成为“死亡之吻”，致使商业计划书不能在短短的时间内留住投资人的目光。

(1)商业计划书准备不充分，看上去很不专业。

(2)商业计划书太花哨。

(3)概要太长而且松散。

(4)不清楚产品处于什么阶段。

(5)不清楚人们为什么要购买。

(6)没有对管理团队资格进行清晰的陈述。

(7)财务预期缺少客观依据。

(8)使用不恰当的数据证明自己的判断。

90%的商业计划书没有机会去做口头陈述。如果你的商业计划书被邀请去做口头陈述，说明投资人的钱袋已经向你打开。现场陈述是一个挑战，也是一个机会，你需要确保口头陈述与商业计划书的高质量相匹配。①

(1)牢记一个事实：口头陈述对你的创意实现意义重大。

(2)准备，准备……再准备。需要提前知道自己有多长时间可以用来陈述，也许是20分钟，也许只有5分钟。陈述人需要认真设计脚本，做到精确、简洁、雄辩。

(3)认真选择内容。

(4)尽力去说服别人，而不是去击败他们，说服和击败是两种不同的方式。

(5)展示热情，但要与事实和数据相结合。

(6)不要忽视基础准备，例如时间控制。

(7)对待提问采取合作、有益的方式。面对尖锐的问题，要努力回答好，不论会谈多么紧张，都要保持一种有益的合作态度。

---

① 有些参考书对提高这一方面的能力很有帮助，例如山本昭生的《逻辑说话术》，中国画报出版社2012年版。

4.3.2 谈判

谈判的核心要义是合作的利己主义。每一方的利益诉求、实力等方面的差异，决定了谈判是一件个性十足的事情。对于融资谈判，大致有两个阶段，第一阶段是在尽职调查之前，双方需要对价格、投资方式等基本问题达成共识，第二阶段是在尽职调查之后，双方要谈合作的细节。

表4—8、4—9、4—10列出了双方所关注的内容。从这些关注点可以看出，投资人与企业一旦决定洽谈具体条款，就说明双方在总体利益上是一致的，这是实现合作的大前提。双方的利益都是基于企业未来的发展，而这种发展具有很大的不确定性，因此，双方在具体条款的洽谈上，除了让本方利益最大外，更主要的是找到一种更合适的发展企业的模式。①

表4—8　　双方的目标

投资公司的目标	企业的目标
l 较低的风险和较高的回报	l 领导自己创办的企业
l 保障投资增值	l 足够的资金实现自己的理想
l 方便投资退出	l 较高的回报
l 通过董事会影响企业决策	l 保留较多的股份和企业控制权
l 合理避税	l 合理避税
l 吸引后继投资者	l 追加资金的能力
l 管理层和员工有足够的积极性	l 管理层和员工有足够的积极性
l 有管理能力和良好的企业记录	l 易于合作和有良好记录的投资商
l 持续的增长	l 除了资金以外的其他支持

表4—9　　双方希望参与的工作

投资公司希望参与的工作	企业希望参与的工作
l 组建董事会，派遣董事	l 组建董事会，拥有较多表决权
l 制定发展战略	l 产品技术研发
l 推荐合作伙伴、挑选管理人员	l 人力资源管理
l 管理咨询	l 生产运作
l 策划追加投资	l 销售与营销
l 监督财务业绩	l 协调投资关系

① 谈判有竞争型谈判与合作型谈判之分，出发点的不同决定了谈判策略的差异。罗伊·J. 列维奇牵头编著的《谈判学》(中国人民大学出版社2006年版)对谈判问题的理性知识进行了总结。

表 4—10 双方对交易结构的考虑

投资公司的考虑	企业的考虑
l 收益与风险的平衡	l 声誉与资产受益
l 股权的流通性	l 足够的资金、尽量少的股权出让
l 投票控制权	l 对企业的控制
l 对企业的影响力	l 经营自主权
l 退出前可能受益	l 持续的分红
l 避税考虑	l 避税考虑
l 清算操作	l 企业的延续
l 灵活性	l 灵活性

清算优先权、防稀释条款、董事会结构与议事规则、保护性条款、股份兑现条款、对赌协议、领售权等是谈判的焦点。

清算[①]优先权：企业在清算时，资金优先分配给持有特定股份的股东，然后再向其他股东分配，这种优先获得资金分配的权利即为清算优先权。清算优先权又分为不参与分配清算优先权、完全参与分配清算优先权和有上限参与分配清算优先权。在下例中，A 系列股东享有的即是不参与分配的清算优先权。

条款表述示例：在公司清算或结束业务时，A 系列优先股股东有权优先于普通股股东获得每股【1】倍于原始购买价格的回报及宣布但尚未发放的股利。在支付给 A 系列股东清算优先权回报后，剩余资产由普通股股东按股份比例进行分配。

投资人和企业家都不希望自己的股权被稀释。防稀释条款[②]主要可以分成两类：一类是在股权结构上防止股份价值被稀释，另一类是在后续融资中防止股份价值被稀释。下文以 A 系列优先股为例。

结构性防稀释条款(Structural Anti-dilution)包括两个条款：转换权和优先购买权。

(1)转换权(Conversion)

这个条款是指在公司股份发生送股、股份分拆、合并等股份重组情况时，转换价格作相应调整。这个条款是很普通而且是很合理的条款，也完全公平，通常企业家都能够接受。条款清单中的描述如下：

转换权：A 系列优先股股东可以在任何时候将其股份转换成普通股，初始转换比例为 1∶1，此比例在发生股份红利、股份分拆、股份合并及类似事件以及“防稀释条款”中规定的情况时做相应调整。

举例来说：优先股按照 2 美元/股的价格发行给投资人，初始转换价格为 2 美元/股。后来公司决定按照每 1 股拆分为 4 股的方式进行股份拆分，则新的转换价格调整成 0.5 美元/股，对应每 1 股优先股可以转为 4 股普通股。

(2)优先购买权(Right of First Refusal)

这个条款要求公司在进行 B 轮融资时，目前的 A 轮投资人有权选择继续投资，获得至少

① 清算事件包括破产、倒闭、出售控股股权、合并、被收购、出售主要资产等。

② 桂曙光：《解剖稀释条款》，《创业家》，2008 年 1 月。

与其当前股权比例相应数量的新股，以使A轮投资人在公司中的股权比例不会因为B轮融资的新股发行而降低。另外，优先购买权也可能包括当前股东转让股份时，投资人拥有按比例优先受让的权利。

这也是一个很常见且合理的条款，条款清单(Term Sheet)中的描述如下：

优先购买权：投资人有权在公司发行权益证券的时候(发行"期权池"股份及其他惯例情况除外)按其股份比例(完全稀释)购买相应数量的股份。

公司在其成长过程中，往往需要多次融资，风险投资人往往会担心由于下一轮降价融资，股份的发行价格低于自己的转换价格，而导致自己手中的股份贬值，因此要求获得保护条款。

防稀释条款决定优先股在转换成普通股时的转换价格，而最初的转换价格是投资人购买优先股的价格。在公司以低于本轮的价格进行了后续融资之后，转换价格就会降低。所以，如果没有以更低价格发行股份(后续融资)，初始的购买价格与转换价格就是一样的(假定没有结构性稀释)，优先股也将按1∶1转换成普通股。如果后续以更低价格发行了1次或多次股份，转换价格就会比初始购买价格低，优先股能转换成更多的普通股。

根据保护程度的不同，优先股的转换价格保护主要分为"完全棘轮"调整以及"加权平均"调整两种方式。条款清单中的描述如下：

防稀释条款(Anti-dilution Provisions)：如果公司发行新的权益证券的价格低于当时适用的A系列优先股转换价格，则A系列优先股的转换价格将按照广义加权平均的方式进行调整以减少投资人的稀释。

①完全棘轮条款(Full-ratchet Anti-dilution Protection)

完全棘轮条款就是说，如果公司后续发行的股份价格低于A轮投资人当时适用的转换价格，那么A轮投资人的实际转换价格也要降低到与新的发行价格一样。哪怕公司以低于A系列优先股的转换价格只发行了一股股份，所有的A系列优先股的转换价格也都要调整与新的发行价一致。

完全棘轮条款是对优先股投资人最有利的方式，对普通股股东有重大的稀释影响。为了使这种方式不至于太严厉，在应用时要适当修正。

②加权平均条款(Weighted Average Anti-dilution Protection)

这是最常见的防稀释条款，在加权平均条款下，如果后续发行的股份价格低于A轮的转换价格，那么新的转换价格就会降低为A轮转换价格和后续融资发行价格的加权平均值，即重新确定转换价格时，不仅要考虑低价发行的股份价格，还要考虑其权重(发行的股份数量)。

加权平均条款有两种细分形式：广义加权平均和狭义加权平均，区别在于对后轮融资时的已发行股份及其数量的定义。(a)广义加权平均条款是按完全稀释方式定义，即包括已发行的普通股、优先股可转换成的普通股、可以通过执行期权、认股权、有价证券等获得普通股数量；(b)狭义加权平均只计算已发行的可转换优先股能够转换的普通股数量，不计算普通股和其他可转换证券。

广义加权平均时，完全稀释的股份数量很重要，企业家要确认与投资人的定义是一致的。相对而言，狭义加权平均方式对投资人更为有利，公式中不把普通股、期权及可转换证券计算在内，因此会使转换价格降低更多，导致在转换成普通股时，投资人获得的股份数量更多。

企业家和投资人通常对结构性防稀释条款不会有什么争议，主要谈判内容是针对后续降价融资的防稀释保护条款，其谈判要点如下：

(1)企业家要争取"继续参与"(Pay-To-Play)条款。这个条款要求，优先股股东要想获得转换价格调整的好处(不管是加权平均还是棘轮条款),前提是他必须参与后续的降价融资,购买等比例的股份。如果某优先股股东不愿意参与,他的优先股将失去防稀释权利。

条款清单中的描述如下:

继续参与:所有投资人都要完全参与后续可能的降价融资,除非董事会允许所有投资人都放弃参与,任何没有参与的投资人的A系列优先股将自动失去防稀释权利。

(2)列举例外事项,在某些特殊情况下,低价发行股份不应该引发防稀释调整,我们称这些情况为例外事项。显然,对企业家而言,例外事项越多越好,所以这通常是双方谈判的焦点。

条款清单中的描述如下:

发行下列股份不引发防稀释调整:(1)公司期权池为员工预留的期权;(2)……

通常的例外情况(不限于这些)有(防稀释调整将不包括下列情况下的股份发行):

(a)任何债券、认股权、期权或其他可转换证券在转换和执行时所发行的股份;

(b)董事会批准的公司合并、收购或类似的业务事件,用于代替现金支付的股份;

(c)按照董事会批准的债权融资、设备租赁或不动产租赁协议,给银行、设备出租方发行的或计划发行的股份;

(d)按照董事会批准的计划,给公司员工、董事、顾问发行的或计划发行的股份(或期权)。

(3)企业家可能获得的防稀释条款

企业家在跟VC就防稀释条款谈判时,根据双方的谈判能力、公司受投资人追捧的程度、市场及经济状况等因素,可能得到不同的谈判结果。

一个好的董事会未必造就卓越的企业,但是一个糟糕的董事会肯定会拖垮企业。在现代公司制企业中,董事会是决策的关键环节,对董事会控制权的把握是投资人与创业企业谈判的重中之重。董事会控制权体现在董事会席位分配、表决权分配和议事规则设定三个方面。①

示例1:董事会由3个席位组成,创业企业占2个席位,CEO需要由这2个席位中的一个担任,投资人占1个席位.

优点:创业企业具有控制企业的优势。

缺点:CEO的立场将决定控制权的归属。

谈判要点:创业企业进入董事会的两个股东及拟任CEO人选需要经过选举产生。

示例2:董事会有5位董事,其中3名来自创业企业,2名来自投资人。

优点:有利于创始股东。

缺点:投资人会设置保护条款。

谈判要点:保护条款的范围和内容。

投资人为了保护自己的利益,要求企业在操作某些可能损害投资人利益的事件之前,需要经过投资人批准,此类保护投资人利益的协议内容即为保护性条款(Protective Clauses)。

表4—11　　典型保护性条款

以下事件需要至少持有50%优先股的股东同意:
1. 修订、改变或废除公司注册证明或公司章程中的任何条款对A类优先股产生不利影响;
2. 变更法定普通股或优先股股本;
3. 设立或批准设立任何拥有高于或等同于A类优先股的权利、优先权或特许权的其他股份;

① 关于董事会的知识,将在“企业治理”一章中单独介绍,此处不再详细说明。

续表

4. 批准任何合并、资产出售或其他公司重组或收购；
5. 回购或赎回公司任何普通股(不包括董事会批准的根据股份限制协议，在顾问、董事或员工终止服务时的回购)；
6. 宣布或支付给普通股或优先股股利。

创业团队的稳定性是投资人十分关注的一点，股份兑现条款就是为了保证创业者能持续为公司努力工作而设定的。投资人一般会要求创始人及其团队骨干要在企业工作一定期间(例如 4 年)后才能拿到属于自己的股份或期权。但这种操作并不影响表决权，就是说，在股份未兑现以前，创始人和其团队骨干成员仍然可以按照所有股份都已兑现的数量投票。

投资人投入的资金占有多少股份取决于企业的估值。很多企业是按市盈率来估值的，假设说 10 倍的市盈率，企业每年的盈利是 10 万元，10 倍的市盈率股权就是 100 万元，所以投资人投 100 万元就占 50%。如果创业者认为企业成长性特别好，自认为这个企业明年可能净利润就能达到 100 万元了，再乘以 10 倍的市盈率，那就是1 000万元，这样算来投资者便占了大便宜。但投资人可能不认可这种预期。所以，双方可以签订一个价值平等条款，就是说投资人现在认同企业明年的净收益能够达到 100 万元，投资人占 10%股份，但是如果明年达不到 100 万元，那么价值就必须要调整，投资人投的股份就必须要相对地调整，这是比较温和的做法。稍微严厉的做法是，不但要把价格调整下来，而且还要有一些惩罚性的含义，必须补偿多少，如果明年的业绩和后年的业绩达不到这个数，就需要回拨一部分的股份给投资人，如果拨得多就都到投资人那里去了。这就是对赌条款(Valuation Adjustment Mechanism)，这个条款的目的是让创始人和企业提供一个相对准确的未来盈利的预测。

领售权是指投资人有权强制原有股东和自己一起向第三方出让股份。领售权设计的目的是为投资人退出提供通道。

表 4—12　　领售权谈判要点

l	受领售权制约的股东
l	领售权激发条件
l	领售权激发时间
l	出售最低价格
l	支付手段
l	收购方的限制
l	股东优先购买
l	免责条款

4.3.3 尽职调查

当投资人和创业者达成初步合作协议后，投资协议条款的谈判完毕或进行得差不多时，投资人一般需要对目标公司进行尽职调查。尽职调查的目的在于调查目标公司的全部情况，管理风险，衡量事实是否符合公司在商业计划书和投资协议里的描述，公司估值与业务和财务数据是否吻合。尽职调查一般包括法律尽职调查和财务尽职调查两类。

4.3.4　执行协议

协议是保障双方权益的基本依据。对于规范的投资机构，一般会有严谨的协议签订过程。在小微企业通过私人关系融资的过程中经常暴露出来的问题是：

(1)没有协议，仅凭口头约定；

(2)协议中没有明确资金投入是属于借款还是属于股权投资；

(3)协议中没有明确股权份额、表决权份额、分红的触发条件等基本问题；

(4)对投资人在企业中的角色没有明确规定；

(5)投资人如何了解企业经营情况、如何参与企业经营决策等没有明确；

(6)投资人获取回报的方式及条件不明确；

(7)对可能面临新一轮融资对现有股东利益的影响缺少考量。

4.4　上市的梦想

有些创业者将上市视为自己的理想，甚至以此来激励员工和外部合作伙伴。

根据中国香港联合交易所《创业板上市规则》(下称《上市规则》)，一家公司在创业板上市，需满足以下几方面条件：

(1)公司管理及上市前准备：上市前的 24 个月，公司股权结构及管理层须基本相同；公司的董事、公司秘书、会计师、监察主任、授权代表等人员需符合《上市规则》的规定；公司须设有经核准的股票过户登记处；公司须以合同形式在上市会计年度及以后两个会计年度委托合格的保荐人；申请人须按规则提交会计报告，会计报告需包含上市文件刊发前两个会计年度，会计报告有效期为 6 个月。

(2)业务活动：一般公司需 24 个月的活跃业务记录；公司可以没有盈利，但至少 24 个月在建立业务方面有实质性进展；公司须清楚地列明其业务目标，并说明达到目标的方法；公司或其控股的公司须有一种主营业务，而非两种或多种不同业务。

(3)法律法规：公司依法注册在中国香港、中国内地、百慕大或开曼群岛；公司经营活动遵守注册地的法律法规和自身的公司章程及细则；公司章程及细则需符合《上市规则》的有关规定。

(4)上市前股权结构及流通比例：管理层股东及大股东在上市时持有公司的发行股本不低于 35%；公司首次公开招股(包括任何配售)，如上市时筹资额低于 10 亿港元，发售给公众的股份不能低于(已扩大)已发行股本的 20%，此时由公众持有的股份市值不低于3 000万港元；如上市时筹资额等于或超过 10 亿港元，发售给公众的股份不能低于(已扩大)已发行股东的 15%，此时由公众持有的股份市值不低于 2 亿港元；如果公司希望首次向公众公开招股的股份低于(已扩大)已发行股本的 25%，但在首次公开招股的股份不能满足公众认购数量时，发行人必须增加发售，最多至发行股本的 25%，以满足公众需求。

从上述规定可以看出，企业要想成为公众企业，不仅需要在经营上有业绩，而且需要相应的治理结构、伦理责任与行为风格。内在方面并不是朝夕之间能够打造成功，需要长期的经营积淀。

本章总结

基本概念

议价能力、现金消耗率、天使投资、私募股权投资、私募股权基金、担保公司、小额贷款公司、融资租赁、联贷联保、保单质押贷款、供应链融资、知识产权质押贷款、清算优先权、防稀释条款、董事会结构、议事规则、保护性条款、对赌协议、领售权、尽职调查

思考题

(1)商机是创业的起点,你如何理解这句话?

(2)为什么要强调从财务的视角关注战略问题?

(3)在融资过程中,创业者需要关注的主要问题是什么?

(4)商机、战略、融资需求之间的关系是什么?

(5)新创企业主要融资来源有哪些?

(6)独自创业和团队创业在融资来源的可获得性方面有何差异?

(7)向家人融资还有必要准备商业计划书吗?

(8)天使投资与风险投资各自偏爱什么项目?在与创业项目合作中各自的诉求有何不同?

(9)编制商业计划书需要避免哪些错误?

(10)在投资人已经看过商业计划书后,还有必要为口头陈述刻意准备吗?

第 5 章

企业治理

对于没有外部投资者的初创项目,资本规模不大,业务与管理内容相对简单,创业者一般会独揽企业的经营决策大权,实行所有权和控制权两权合一的业主治理模式。这种模式最大的特点在于比较完美地实现了激励与约束的和谐统一,不存在由于信息的不对称和契约的不完备性而带来的委托代理问题。

当企业内部专业化管理带来的收益增加不足以弥补由此带来的代理成本的提高时,企业不会轻易放弃这种模式。业主治理模式的高效性在企业发展的初创期得到了充分显现。在此阶段中,即使有部分职业经理人进入企业,也只限于充当决策执行者的角色。此时企业治理面临的主要问题是股权分配和董事会决策机制的设计。

当企业度过了不稳定的初创期后,便进入到迅速扩张的成长期。企业的资本规模、市场规模迅速扩大,规模经济效应逐步显现。与此同时,企业管理和初创期相比却更加复杂,难度进一步加大。此时两权合一的业主治理模式受到了极大的挑战,因为单凭企业主个人的智慧、能力、精力、体力、时间以及单个家庭的力量很难应付急剧扩张的企业的管理需要。在此情况下,企业主必须进行企业部分控制权的让渡,进行内部治理的演进与创新,否则企业将无法正常运转甚至只能退回到企业原有规模。此时企业治理面临的主要问题是激励机制与约束机制的设计。

本章将要学习的主要内容如下：

企业保持持续创业能力的根本因素是什么?

现代企业制度的基本形式有哪些?

企业选择不同的法律形式对财富管理有何影响?

股东和公司法人的权责利是如何区分的?

产权有什么意义?

什么是有效产权制度?

如何理解企业中的委托代理关系?

什么是企业治理?

企业治理的基本手段和准则是什么?

如何设计企业治理中的激励机制与约束机制?

什么样的组织结构设计更有利于创业?

5.1 反思经济史

早期创业企业是以创业者自身的特质为核心的。这是一种基于英雄主义的治理结构,但也是最悲情的结构。因为大多数企业不能随着发展进行调整,创业英雄最终收获的往往是无奈和叹息。一个社会组织能够保持活力的根本原因是什么呢?对经济发展历史的反思有助于我们得到更深刻的理解。

5.1.1 经济系统的驱动因素

早期的经济增长和经济学研究将资源要素作为驱动经济系统的核心因素,后来人们发现情况并不是这样。日本是一个资源匮乏的国家,但在明治维新时期及第二次世界大战以后的发展都是令人艳羡的,中国香港、新加坡、中国台湾、韩国这些地区也有类似的情况。有些占有资源的国家发展得很好,但也有一些国家发展得并不好,譬如非洲和亚洲的部分国家。

美国著名经济学家道格拉斯·C. 诺斯(Douglass C. North)通过对西方经济史的考察认为,技术进步、投资增加、专业化分工等并不是经济增长的原因,而是经济增长本身。在1992年出版的《交易费用、制度和经济绩效》一书中,诺斯指出:任何经济的增长都是由该社会中的政治、经济组织以及它们中富有创新精神的企业家共同努力的结果。

诺斯认为要保持经济组织的效率,就需要在制度上做出安排并确立产权,在诺斯的解释框架中,财产关系是根本问题,他认为只有明确并保护私人产权的制度,才能形成一种刺激,将个人的经济努力变成私人收益率接近社会收益率的活动。

在私人产权得不到充分承认和保护的制度体系内会发生什么呢?匈牙利经济学家亚诺什·科尔内(Janos Kornai)在对社会主义计划经济的研究中给出了经典的解释。

科尔内指出,社会主义计划经济的共同特点是:高度集中化,垂直等级管理结构,非价格信号起支配作用,而价格、货币和利润的作用相当微弱,根据指令性计划指标进行控制。这种社会经济安排会带来严重的后果。

第一,它造成社会资源浪费,降低生产效率,提高社会成本。那些具有生产供应特权的部门或企业不会努力提高效率和产品质量,反而会用妨碍社会效率的方式获取高额回报,消费者只能排队等待,为得到商品花费更多的时间和金钱。

第二,它使价格信号失真,利润动力对企业丧失作用,使企业缺乏活力,不愿意进行技术创新。

第三,它会损害消费者的利益,降低人民生活质量,人们不仅很难得到高质量的产品,而且要忍受提供者的粗暴无礼。

第四,它会败坏社会风气,使得官商勾结的情况泛滥。

科尔内用“父爱主义”来形容社会主义计划经济体制的特征,即国家视企业为自己的孩子,科尔内认为父爱的泛滥破坏了微观经济主体的独立性和创新性,致使整体经济效率与活力缺失。

什么样的制度安排才有助于社会的蓬勃发展呢?哈耶克(Hayek)是这样概括的:一个生

机勃勃的社会，它的制度的基本原理是鼓励一切个体在一切可能的方向上生活。[①] 更简单一些的表达就是自由主义，就是对个体资格及私人权益的法定认同与保护。

5.1.2　社会经济系统的自我调适

社会经济系统是否能通过自我调适解决其面临的问题，对于这一点历来多有争论，我国西汉时期道家与儒家之争便是一个典型，而西方经济发展史中“看得见的手”与“看不见的手”的过招从未停歇，“演进理性”与“设计理性”也是争论不休。不同的回答形成了不同的学说，也形成了不同的社会治理结构。历史的发展没有否定政府的积极作用，但却表明政府的相当一部分的所谓的“积极影响”纯属多余，更大程度上是某些既得利益者的自我标榜，甚至可以说是居心叵测。古罗马后期的衰退与中国 19 世纪初经济停滞共同的原因就是政府控制扼杀了市场生命。

美国著名经济学家、货币主义创始人米尔顿·弗里德曼（Milton Friedman）与其夫人合著的《自由选择》劝说人们回到亚当·斯密在《国富论》中阐明的“自由竞争”和托马斯·杰斐逊在《独立宣言》中肯定的“上帝面前人人生而平等”的道路上来。他们在书中强调，没有一个社会是能够完全按照指挥原则运行的，当然也没有一个社会完全能自发地运行，关键是两者的结合，而自愿交易应当占支配地位，这样的经济才具有促进繁荣和人类自由的潜力。

弗里德曼夫妇引用了一个著名的故事——小铅笔的家谱，来形象地说明自愿交易是如何发生的。铅笔的制作经历了从木材加工、开采石墨和铜矿到制作铅芯和铜片等一系列漫长的过程。在各个生产环节，成千上万的生产者之所以能够很好地合作，是因为自愿交易中出现的价格激发了他们的利己心，从而协调他们的活动。在人们为各自利益忙碌的过程中产生了经济秩序，这种秩序不是政府的规划缔造的，而是在市场价格引导下通过自愿交易形成的。

价格在市场交易中扮演着至关重要的角色，传递情报、刺激生产、分配收入三方面作用的结合形成了协调交易活动的完美机制。政府控制最大的危害是扭曲了价格机制，并进一步伤害社会价值体系，形成畸形的社会关系。这么说是不是表明政府可以不存在呢？当然不是，纯粹的自发运动只会带来毁灭性的后果，经济发展史上的几次大的危机都表明宏观治理的作用，问题的关键是管理者的角色定位。政府并不是超凡脱俗的机器，政府是由人组成的，这些人都不可避免地带着经济人的特征。正如詹姆斯·麦吉尔·布坎南（James Mcgill Buchanan）所描述的：国家不是神，它并没有无所不在和正确无误的天赋。如果这些控制了绝对权力的人成为社会秩序的主导者，就会带来官僚主义和低效率。因此，一个社会应该主要依靠资源和合作来组织经济活动及其他活动，维护并扩大人类自由，将政府的活动限制在应有的范围之内，使其成为我们的仆人而不是我们的主人。

这种以自由竞争为基础的社会体制可能会有什么隐患呢？约瑟夫·阿洛伊斯·熊彼特（Joseph Schumpeter）在《资本主义、社会主义和民主》中有经典的阐释。他认为资本主义在本质上是经济变动的一种形式和方法，资本主义运行动力是新企业、新投资所能提供的机会。产业突变过程不断从内部使经济结构革命化，不断毁灭老的结构，又不断创造新的结构。这个创造性的毁灭过程就是资本主义的进化过程。这种进化倾向到了一定程度以后会打击财产和契约自由制度，从而毁灭资本主义体制。

---

① 自由主义似乎也正在接受严峻的挑战。对自我利益的不恰当攫取会将社会引向混乱。但这不应当改变我们思考问题的逻辑顺序，就是保护个人生存和发展的权利是第一位的。

在电影《华尔街》中，主人公戈登·盖柯以"贪婪是好的"(Greed is good)来概括美国进步的动力。我们不鼓吹贪婪，但需要承认大多数人都希望过更好的生活，希望获得更大的财富自由和生命自由。人类经济史证明个人的自利性是推动经济增长的基本动力，能够顺应这种需求的体制可以创造辉煌，而压抑人的本性的任何强权或主义都难以避免被倾覆的危险。

5.1.3 "人本"与"资本"

"以人为本"是进入20世纪以后社会发展的主题。何谓"以人为本"？核心的意义在于尊重人的主体资格，为每个人实现其对更好生活的追求提供公平的、持续的、有效的服务。"天之道，利而不害，圣人之道，为而不争"。宏观管理需要以厚载万物的大德形成"以人为本"的制度，为个体之间的自由交流与协作提供保障服务，而不是将某一个别的价值观念与生活方式强加于人，不是自以为是地越俎代庖。人民群众是历史的创造者，具有无穷无尽的创造力。国家、地区或是企业，其经济方面的发展首先要开发的就是创造力。创造力从何而来？不是某个英雄的梦想，不是资本的堆积，不是新技术的炫耀，而是认同个体发展意愿的体制。

笔者的家乡是山东省莱州市的一个乡村。莱州有悠久的商贸传统和便利的地理位置，当地居民对商贸业有与生俱来的敏感。20世纪80年代乡镇企业的发展为村里积累了一定的设备、市场与技术工人等资源基础，但自20世纪90年代中期，集体主义的弊病困扰着企业的发展，最终让乡镇企业倒在市场竞争的洪流之中。2011年回家探亲，村里的面貌让笔者惊叹不已，生产小型挖掘机或配件的厂房遍地开花，大企业生产整机，小企业或者生产配件，或者完成喷漆、运输、维修等配套服务，协作关系清晰而且紧密。村民的收入基本依靠在工厂工作，土地转租给农业大户或者村里的合作社。公路、养老院、幼儿园等公益设施也是今非昔比。每当下班的时间，大批的工人从工厂里出来，赶着到邻近的菜场买菜，然后步入整齐规划的楼房。此情此景令人振奋！转变的关键点就在于村委会从对乡镇企业的管制，转变到招商引资、环境建设、公益服务等，从不相信老百姓能够做好企业，到相信老百姓能够创造历史。有人推动大企业与家庭企业的协作吗？没有，基本是大家自愿交易之后的结果。类似笔者家乡这样的情况，全国各地的案例不胜枚举。当老百姓的创造性得到承认的时候，你真的能感受到时代进步的脉搏。

用多元化去描述一个社会对个体存在资格的认同程度，用资本化去描述不同主体间经济关系市场化的程度。分析人类社会发展的历史，可以发现社会多元化和经济资本化之间存在如下关系(见图5－1)。

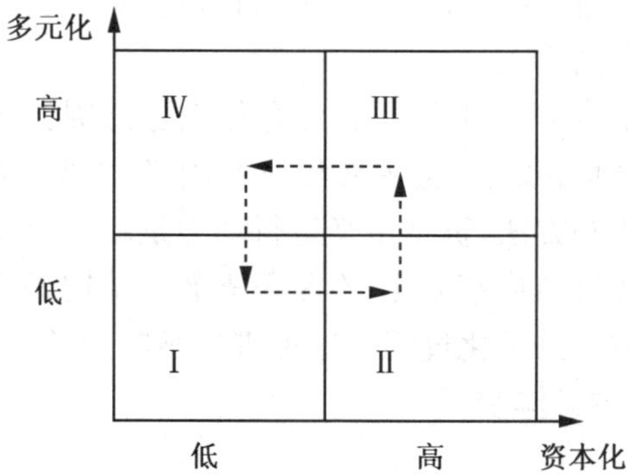

图5－1 社会多元化与经济资本化之间的关系

第Ⅰ区域经济资本化程度低,社会多元化程度也比较低,对应生产力水平低下的早期社会结构。第Ⅱ区域经济资本化程度高,社会多元化程度低,对应存在极端阶级对抗的社会结构,即奴隶社会和封建社会。第Ⅲ区域对应发达的资本主义社会,其经济资本化与社会多元化程度都处在高位。第Ⅳ区域经济资本化程度低,社会多元化程度高,对应发达的计划经济社会。四个区域之间存在逆时针演进的态势:Ⅰ→Ⅱ→Ⅲ→Ⅳ,历史不是自己原地踏步,多元化与资本化之间的关系是螺旋上升的,并不是简单的起点到原点的模式。

推动社会进步与毁灭社会进步的是同一种力量:个体对私利的追逐。在完全自由竞争的情况下,经济资本化到了一定程度就会在某些领域形成强有力的大资本集团,对私利无限追求的理性狂妄地占据主导,这些资本集团为了维护自身的利益而有意破坏社会自由的根基,限制多元化的社会结构,从而使得"资本"偏离了"人本"。偏离了"人本"的"资本"是不能持久的。资本是一种生产关系,只有在承认"人本"的前提下,即私人利益受到法律认同,经济资本化的主体规模才会得以保证,资本方能获得流动、交易与增值的生存空间。交易是经济社会的核心活动,价格是经济社会的基本介质。交易的范围与深度依赖社会资本化的程度。在多元化的格局遭到破坏以后,社会创新的底层动力就会丧失,具有企业家意愿的群体越来越少,社会交易出现萎缩,并最终导致经济衰退。

人类社会经济发展历史过程表明,个体对美好生活的不懈追求是人的本性,自由与公平的制度能将这种意愿转化为经济发展的动力,经济秩序在自愿交易中产生,但是,受自利性驱动,在自愿交易中形成的大资本具有破坏自由与公平社会体制的倾向,并损害经济发展的根基,引起经济衰退。

创业企业最初的商机可能是产品、技术、资源、垄断性优势等,在创业者的经营之下演变为一项事业。能否建立进一步延续创业精神的制度框架则决定了企业的未来。这就是创业企业考虑企业治理问题时的出发点。

对治理机制的一般解释往往是基于信息不对称展开的,控制与防范似乎是首要的事情,但如果机制本身失去了激励性,这种治理便失去了存在的价值。联系到理财活动,治理机制应当满足的基本条件是符合资源资本化的需求。

5.2　企业制度①的基本形式

按照产权的组织方式,企业分为三种基本形式,即业主制企业、合伙制企业和公司制企业。

5.2.1　业主制企业

业主制企业的基本特征如下:

(1)产权主体是唯一的,产权结构是完整统一的,即业主作为投资者享有所有、占有、处置和收益权,产权的界定十分清晰。

(2)企业自负盈亏,业主对企业经营及其债务负无限清偿责任,业主的一切财产在法律上都是可以用来抵偿债务的。

(3)主要依靠个人积累,谋求企业发展和追求最大利润,因而具有强烈的投资冲动以实现

① 企业制度以产权制度为核心,包括企业组织制度与管理制度。

企业目标，表现在企业行为上是兢兢业业、精打细算、努力扩充资本。

(4)内部的组织管理结构简单，业主亲自指挥生产、组织营销，并直接对生产工人和其他雇员实行监督，包括分派工作、指导生产、确定报酬和解雇人员等。

(5)企业规模小，经营产品单一，一般为产量不大、经营简单的小厂、小店。

业主制企业产权主体是自然人，自然人财产与企业财产是合一的，这种结构保证了企业的高效率，但同时也限制了企业扩大与发展的空间。

个人独资企业和个体工商户均属于业主制企业类型[①]，两者存在如下差异：

(1)个人独资企业必须要有固定的生产经营场所和合法的企业名称，而个体工商户可以不起名称，也可以没有固定的生产经营场所而流动经营。换句话说，合法的企业名称和固定的生产经营场所是个人独资企业的成立要件，但不是个体工商户的成立要件。[②]

(2)个体工商户的投资者与经营者是同一人，都必须是投资设立个体工商户的自然人。而个人独资企业的投资者与经营者可以是不同的人，投资人可以委托或聘用他人管理个人独资企业事务。也就是说，个人独资企业的所有权与经营权是可以分离的，这就决定了个人独资企业更符合现代企业制度的特征。而个体工商户的所有权与经营权是集于投资者一身的，已不能适应现代企业制度发展的要求，所以它只能适用于小规模的经营主体。

(3)个人独资企业可以设立分支机构，也可以委派他人作为个人独资企业分支机构负责人。这一规定，说明了个人独资企业不但可以在登记管理机关辖区内设立分支机构，也可以在异地设立分支机构，由设立该分支机构的个人独资企业承担责任。而个体工商户根据规定不能设立分支机构。

(4)个人独资企业与个体工商户的法律地位不尽相同。在民事、行政、经济法律制度中个人独资企业是其他组织或其他经济组织的一种形式，能以企业自身的名义进行法律活动。而个体工商户是否能够作为其他组织或其他经济组织的一种形式，一直是国内民法学家的争论对象。在日常法律活动中，个体工商户的法律行为能力往往受到一定的限制，更多的时候，个体工商户是以公民个人名义进行法律活动的。事实上，国内就有许多法律专家提出个体工商户不是法律意义上的企业。另外，个人独资企业与个体工商户作为市场主体参与市场经济其他活动的能力不同，如个人独资企业可以成为公司的股东，从而以企业名义享有公司股东的权利和义务，而个体工商户一般不能以企业名义作为公司股东，只能以个人投资者(自然人)身份成为公司股东。

(5)个人独资企业与个体工商户在财务制度和税收政策上的要求也不尽相同。根据《个人独资企业法》的规定，个人独资企业必须建立财务制度，以进行会计核算，个人独资企业的财务制度是个人独资企业的必备条件。而个体工商户由于情况复杂，按照目前的执法情况看，个体工商户可以按照税务机关的要求建立账簿，如税务部门不做要求，也可以不进行会计核算。另外，在税收政策方面，由于我国的税收法律制度是一个相对独立的体系，它与市场主体法律制度之间没有统一的联系。目前税务部门认定一般纳税人和小规模纳税人的标准并不是以企业的市场主体地位不同而划分的。一般来说，个体工商户较难认定为一般纳税人，而个人独资企业如符合条件，则可以认定为一般纳税人。

---

① 对应的法律法规是《个人独资企业法》(2000年施行)、《个体工商户条例》(2011年施行)。

② 随着商事制度改革，部分地区对新创企业不再有固定经营场所的要求。

5.2.2 合伙企业

根据《中华人民共和国合伙企业法》第二条，“合伙企业，是指依照本法在中国境内设立的由各合伙人订立合伙协议，共同出资、合伙经营、共享收益、共担风险，并对合伙企业债务承担无限连带责任的营利性组织”。可见，合伙企业的合伙人不一定必须是自然人，也可以是企业。

合伙企业的基本特征如下：

(1)生命有限。合伙企业比较容易设立和解散。合伙人签订了合伙协议，就宣告合伙企业的成立。新合伙人的加入，旧合伙人的退伙、死亡、自愿清算、破产清算等均可造成原合伙企业的解散以及新合伙企业的成立。

(2)责任无限。合伙组织作为一个整体对债权人承担无限责任。按照合伙人对合伙企业的责任，合伙企业可分为普通合伙和有限合伙。普通合伙的合伙人均为普通合伙人，对合伙企业的债务承担无限连带责任。例如，甲、乙、丙三人成立的合伙企业破产时，当甲、乙已无个人资产抵偿企业所欠债务时，虽然丙已依约还清应分摊的债务，但仍有义务用其个人财产为甲、乙两人付清所欠的应分摊的合伙债务，当然此时丙对甲、乙拥有财产追索权。有限责任合伙企业由一个或几个普通合伙人和一个或几个责任有限的合伙人组成，即合伙人中至少有一个人要对企业的经营活动负无限责任，而其他合伙人只以其出资额为限承担偿债责任，因而这类合伙人一般不直接参与企业经营管理活动。

(3)相互代理。合伙企业的经营活动，由合伙人共同决定，合伙人有执行和监督的权利。合伙人可以推举负责人。合伙负责人和其他人员的经营活动，由全体合伙人承担民事责任。换言之，每个合伙人代表合伙企业所发生的经济行为对所有合伙人均有约束力。因此，合伙人之间较易发生纠纷。

(4)财产共有。合伙人投入的财产，由合伙人统一管理和使用，不经其他合伙人同意，任何一名合伙人不得将合伙财产移为他用。只提供劳务、不提供资本的合伙人仅有权分享一部分利润，而无权分享合伙财产。

(5)利益共享。合伙企业在生产经营活动中所取得、积累的财产，归合伙人共有。如有亏损则亦由合伙人共同承担。损益分配的比例，应在合伙协议中明确规定；未经规定的可按合伙人出资比例分摊，或平均分摊。以劳务抵作资本的合伙人，除另有规定者外，一般不分摊损失。

与个人独资企业相比较，合伙企业有很多优势，主要是可以从众多的合伙人处筹集资本，合伙人共同偿还债务，减少了银行贷款的风险，使企业的筹资能力有所提高，同时，合伙人对企业盈亏负有完全责任，有助于提高企业的信誉。

合伙企业不用缴纳企业所得税，只对投资人个人所得征收个人所得税。单从这一点看，合伙企业比有限责任公司有优势。但是根据《关于个人独资企业和合伙企业投资者征收个人所得税的规定》，个人独资、合伙企业从业人员工资支出按标准可以在税前扣除，但投资者的工资不得在税前扣除；广告费和业务费可以税前抵扣的标准也低于有限责任公司。所以，综合来看，合伙企业的节税优势并不明显。

5.2.3 有限责任公司与股份有限公司

我国《公司法》所称公司包括有限责任公司和股份有限公司两种形式。有限责任公司和股份有限公司是企业法人。对于有限责任公司，股东以其出资额为限对公司承担责任，公司以其全部资产对公司的债务承担责任。对于股份有限公司，其全部资本分为等额股份，股东以其所持股份为限对公司承担责任，公司以其全部资产对公司的债务承担责任。

法律上允许设立一人有限责任公司，一人有限责任公司与个人独资企业有所不同（如表5－1所示）。

表5－1　　个人独资企业与一人有限责任公司的区别

区别	个人独资企业	一人有限责任公司
投资主体	一个中国公民	一个自然人或一个法人
企业性质	非法人企业	法人企业
注册资本	2014年注册资本登记制度改革，除法律、行政法规以及国务院决定对特定行业注册资本最低限额另有规定的外，取消有限责任公司最低注册资本3万元、一人有限责任公司最低注册资本10万元、股份有限公司最低注册资本500万元的限制	
出资形式	个人财产或家庭共有财产，可以用货币出资，也可以用实物、知识产权、土地使用权等（不能为劳务，劳务仅可以用于合伙企业出资）	可以用货币出资，也可以用实物、知识产权、土地使用权等，但货币出资金额不得低于注册资本的30％
开设	一个自然人可以开设多个个人独资企业	一个自然人或法人只能开设一家一人有限责任公司
章程	无	有
企业名称	不能使用“有限”、“有限责任”、“公司”	使用“有限”、“有限责任”、“公司”
债务承担	投资人对公司债务承担无限责任	股东不能证明公司财产独立于股东财产的，股东对债务承担连带责任

在现代公司发展中，区域间政策的差异为离岸公司发展提供了机会。近年来，世界上一些国家和地区（多数为岛国）纷纷以法律手段培育出一些特别宽松的经济区域，这些区域一般称为离岸法区。① 而所谓离岸公司就是泛指在离岸法区内成立的有限责任公司或股份有限公司。

离岸公司与一般有限公司相比，主要区别在税收上。与通常使用的按营业额或利润征收税款的做法不同，离岸法区的政府只向离岸公司征收年度管理费，不再征收任何税款。而且几乎所有的离岸法区均明文规定：公司的股东资料、股权比例、收益状况等，享有保密权利。而“离岸”的含义是指投资人的公司注册在离岸法区，但投资人不用亲临当地，其业务运作可在世界各地的任何地方直接开展。此外，离岸公司在开展国际贸易、雇用国际职员、开展国际化融资等方面均有较大优势。开曼群岛、英属维尔京群岛、中国香港等均属于离岸法区域。

5.3　股东和企业法人的权责利

5.3.1　股东和企业法人的区别

现代企业制度中，一方面是股东，一方面是企业法人，二者之间的关系是企业治理的根本

① 这些区域一般具有低税率、严格的商务保密法规、资金进出自由等特点，因此为创业者提供了更大的商业操控空间。

所在。

在有限责任公司的法律关系中，股东与企业法人(营业法人)的权利与义务有清晰的界限。在财产所有权方面，股东对企业财产的终极所有权仅表现为股权，与企业法人财产权严格分离，股东不仅不能直接占有，而且也不能直接支配由自己的投资所形成的公司财产。在债务责任方面，股东仅以注册登记的出资额为限，承担有限责任。

企业法人具有独立的人格意志，股东的意思表示不等同于企业的意思表示，而只能通过其委派到企业中的代表，按投资份额享有的投票权来影响企业法人的意志和行为。

在企业法人因故终止进入清算阶段后，股东与被清算的企业法人仍不能混同。此时股东照样不能随意支配企业的财产，按《公司法》第 195 条的规定，在未清偿所有债务前，股东不能分配企业的剩余财产。在已投足注册资本的前提下，股东无须以自己的其他财产为企业清偿债务。股东也只能通过在清算组织中的代表来表达其意志，间接影响清算行为。正因为这样，有限责任的企业法人比无限责任的企业组织，具有更严密的组织结构和运作模式，具有更好的商业信用，在现代市场经济中具有更明显的发展优势。

清算法人是专指企业法人发生终止的事由后，由股东或股东的代表、政府有关部门及有关专业人员组成的，负责对该企业法人的财产进行保管、清理、估价、处理、清偿等清理工作的清算组织，一般称为清算组或清算委员会。清算组织之所以具有独立法人资格，是因为该组织不仅必须经工商机关登记成立，具有常设的组织机构，其公章经正式备案后刻制，而且具有开展清算工作的全部民事权利能力和行为能力，在清算阶段具有法定的权利与义务，完全取代原营业阶段的企业法人对外表达意志，独立行使民事权利，管理原企业法人的财产，并以清理所得的财产承担民事责任。赋予清算组织独立的法人资格具有特殊的积极意义，只有这样才能有效排除股东直接清算或企业自行清算的不良影响。股东在企业进入清算阶段的责任应该是组织成立清算法人，以清算法人为清算行为主体，而不是股东直接成为清算主体。

5.3.2　股东的权责利

股东的权是重大决策权、选择与管理人的权利、公司发展的知情权、股份的转让权。股东的责是按照章程规定缴纳出资额，以其出资额为限承担企业债务责任；股东的利是受益权，包括对经营所得的要求权和对剩余财产的分配请求权。

《公司法》对股东的权力和议事规则有如下规定：

第三十七条　有限责任公司股东会由全体股东组成，股东会是公司的权力机构，依照本法行使职权。

第三十八条　股东会行使下列职权：

(一)决定公司的经营方针和投资计划；

(二)选举和更换非由职工代表担任的董事、监事，决定有关董事、监事的报酬事项；

(三)审议批准董事会的报告；

(四)审议批准监事会或者监事的报告；

(五)审议批准公司的年度财务预算方案、决算方案；

(六)审议批准公司的利润分配方案和弥补亏损方案；

(七)对公司增加或者减少注册资本作出决议；

(八)对发行公司债券作出决议；

(九)对公司合并、分立、变更公司形式、解散和清算等事项作出决议；

(十)修改公司章程;

(十一)公司章程规定的其他职权。对前款所列事项股东以书面形式一致表示同意的,可以不召开股东会会议,直接作出决定,并由全体股东在决定文件上签名、盖章。

第三十九条　首次股东会会议由出资最多的股东召集和主持,依照本法规定行使职权。

第四十条　股东会会议分为定期会议和临时会议。定期会议应当按照公司章程的规定按时召开。代表十分之一以上表决权的股东,三分之一以上的董事,监事会或者不设监事会的公司的监事提议召开临时会议的,应当召开临时会议。

第四十一条　有限责任公司设立董事会的,股东会会议由董事会召集,董事长主持;董事长不能履行职务或者不履行职务的,由副董事长主持;副董事长不能履行职务或者不履行职务的,由半数以上董事共同推举一名董事主持。

有限责任公司不设董事会的,股东会会议由执行董事召集和主持。

董事会或者执行董事不能履行或者不履行召集股东会会议职责的,由监事会或者不设监事会的公司的监事召集和主持;监事会或者监事不召集和主持的,代表十分之一以上表决权的股东可以自行召集和主持。

第四十二条　召开股东会会议,应当于会议召开十五日以前通知全体股东;但是,公司章程另有规定或者全体股东另有约定的除外。

股东会应当对所议事项的决定作成会议记录,出席会议的股东应当在会议记录上签名。

第四十三条　股东会会议由股东按照出资比例行使表决权;但是,公司章程另有规定的除外。

第四十四条　股东会的议事方式和表决程序,除本法有规定的外,由公司章程规定。

5.3.3　企业法人的权责利

公司被认为是现代社会历史上最引人注意的现象之一,纪录片《公司的力量》[①]这样概括公司的意义:"公司能扩展一个经济单位所能掌握和支配的资源、分散商业社会的高风险。公司凝聚了生命个体,让它变成强大于任何人的经济动力。公司使得血缘、地缘联系之外的陌生人之间的合作成为可能。"公司的意义是基于公司独立性这一基本前提而产生的。公司的独立性体现在以下三个方面:

(1)以自己的独立名义享有民事权利。公司要以自己的名义参与诉讼,以自己的名义签约与履约,以及参与其他的民事活动。在这一点上,法人和自然人都是一样的。比如,一个完全民事行为人甲,在生活中被乙打成轻微伤,花去医药费1 000元;这时候甲就应该独立地以自己的名义去要求乙承担这1 000元的赔偿责任,这就是以自己的独立名义享有民事权利。法人也和自然人一样,我们与公司建立法律关系,因纠纷起诉时,只能起诉公司,不能起诉其背后的股东,因为公司人格独立,名义独立。

(2)独立的财产。公司应当有独立的财产,股东出资必须转移财产的所有权,公司不接受留有任何控制的出资,当然国有土地使用权出资性质上不可能是所有权出资,但是也要求在合法的转移限度上,将全部的权能都转移给公司。如果某股东以一套房屋对公司出资,但是没有变更登记,这是出资吗?不是。所有权不转移等于没有出资,该股东要补缴出资并承担违约责任。

(3)独立地承担民事责任。公司作为法人主体,独立承担民事责任,股东不承担直接的责

① 中央电视台摄制的大型纪录片。正如斯蒂格利茨所言,公司有创造财富的动机,但也有破坏道德的动机。这部纪录片以深刻而精巧的方式再现了公司的历程,引起人们对其善与恶的反思。

任。这是公司的"三独"中最为核心的一条：当一个人的责任不独立时，就是由别人连带承担时，其人格就已经被否认了。而公司具有法人人格，所以独立承担民事责任，股东一般不承担连带责任。这一点与个人独资企业、合伙企业不同，因为个人独资企业、合伙企业不具有法人资格，不能独立承担民事责任，因此需要投资人承担无限(连带)责任。

创业公司需要从初始阶段培育其"人格"，关键在于独立性，而独立性得以建立的关键则在于产权制度的设计。现代企业治理的理论对创业公司或许显得复杂，但其基本原则是需要坚守的，这是创业公司实现可持续发展的根本。

5.4　委托—代理问题

5.4.1　企业权力分离

依据"股东优先"的传统看法，现代企业制度由于存在所有权与企业法人财产权的分离(见图5－2)、所有权与经营权的分离(见图5－3)、股东(会)出资者的所有权与董事(会)法人财产权的分离，形成了股东(会)与董事(会)之间的委托代理关系。董事(会)将经营权交给专业的经营管理人员，形成了董事(会)与职业经理人之间的委托—代理关系。

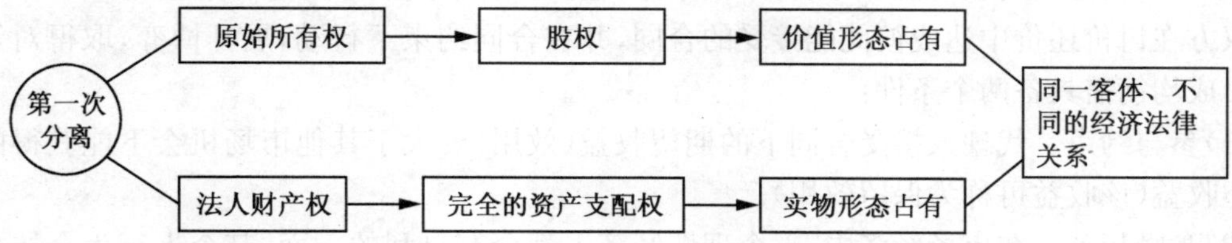

图5－2　出资者所有权与法人财产权分离

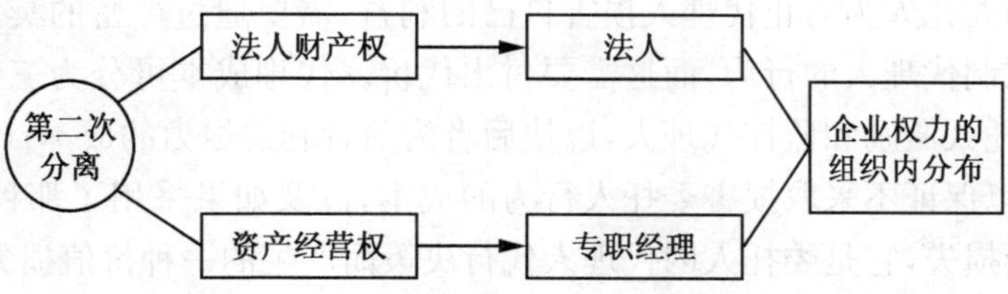

图5－3　公司法人财产权与经营权分离

上述对委托企业两权分离的理解是基于财产所有权的角度，也是传统的"股东优先"导向下的分析。进入20世纪90年代，企业利益相关者的结构更加多元化，并产生了基于利益相关者理论的企业治理方式。在图5－4所示的结构中，企业权力所具有的内涵比传统的理解更为丰富。

5.4.2　代理问题

18世纪，随着资本主义国家的科学技术日益进步和市场经济不断发展，交易范围扩大和资本积累增加，企业的规模也随之扩大。于是，由资本所有者完全独立控制企业的经营活动越来越受到所有者所具有的精力、时间、相关知识、管理能力的局限性的限制。当企业所有者不

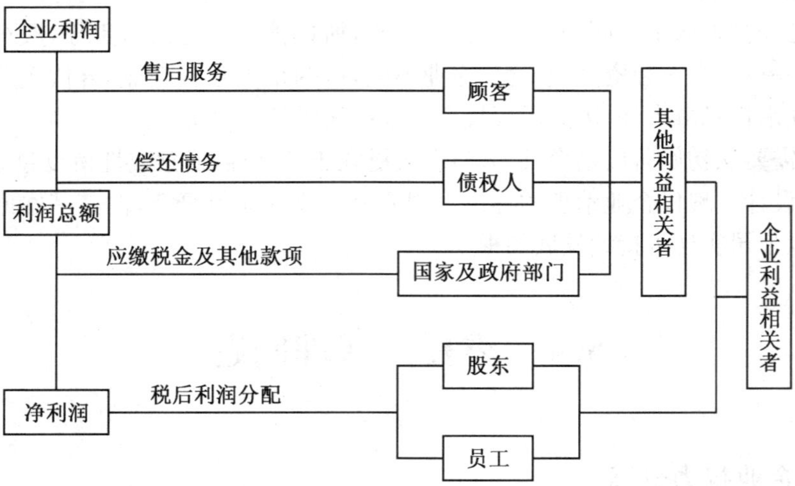

图 5—4 利润流向

能亲自经营企业或亲自经营企业的效益并不能达到理想预期而将企业交给他人代为控制和经营时,这就产生了委托—代理关系。委托—代理理论的代表性人物迈克尔·詹森和威廉·梅克林把委托—代理关系定义为一种契约关系,在这种契约下,一个人或更多的人(即委托人)聘用另一人(即代理人)代表他们来履行某些服务,包括把若干决策权托付给代理人。

双方在讨价还价中达成彼此能接受的合同,并在合同约束下行动,展开博弈,取得对策均衡。形成均衡需具备两个条件:

(1)参与约束。代理人接受合同下的期望收益(效用)要大于其他市场机会下能获得的最大期望收益(该收益可称为保留效用)。

(2)激励相容。在市场经济中,每个理性经济人都会有自利的一面,其个人行为会按自利的规则行动;如果能有一种制度安排,使行为人追求个人利益的行为,正好与企业实现集体价值最大化的目标相吻合,这一制度安排,就是"激励相容"。

代理成本是指委托人为防止代理人损害自己的利益,需要通过严密的契约关系和对代理人的严格监督来限制代理人的行为,而这需要付出代价。代理成本可分为三部分:(1)委托人的监督成本,即委托人激励和监控代理人,以使后者为前者利益尽力的成本;(2)代理人的担保成本,即代理人用以保证不采取损害委托人行为的成本,以及如果采用了那种行为,将给予赔偿的成本;(3)剩余损失,它是委托人因代理人代行决策而产生的一种价值损失,等于代理人决策和委托人在假定具有与代理人相同信息和才能情况下自行效用最大化决策之间的差异。显然,委托人的监督成本和代理人的担保成本是制定、实施和治理契约的实际成本,剩余损失是在契约最优但又不完全被遵守、执行时的机会成本。

5.5 内部治理

5.5.1 内部治理的含义

依据治理手段来源的不同,公司治理分为内部治理和外部治理。内部治理,也称法人治理，是根据权力机构、决策机构、执行机构和监督机构相互独立、权责明确、相互协调又相互制衡的原则实现对公司的治理。外部治理的手段来自外部市场、外部制度和监管部门。

股份公司"三会四权"制衡关系如图 5－5 所示。

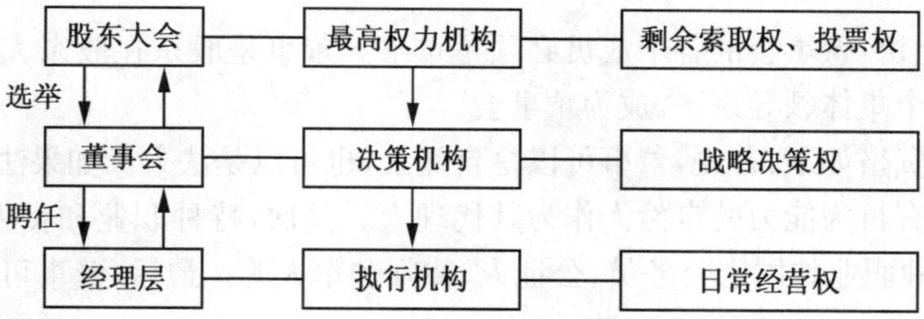

图 5－5　"三会四权"制衡关系

内部治理着眼于利益相关者之间的关系，这与内部管理明显不同，两者的区别与联系如图 5－6 所示。

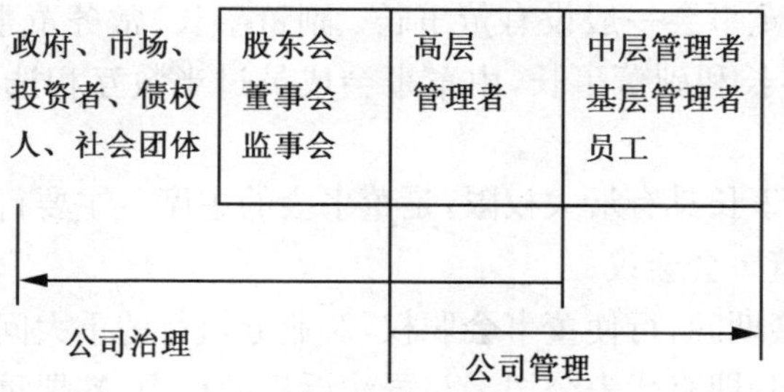

图 5－6　治理与管理的区别与联系

内部治理机构是由股东会、董事会、监事会和高层管理者组成的。狭义的内部治理是有关公司董事会的功能、结构、权力分配等方面的制度安排。广义的内部治理是指有关公司剩余控制权和剩余索取权分配的一整套法律、文化和制度性安排。

内部治理的有效性取决于以下三个关键环节：

(1)股权结构

具体来说，股权结构从以下四个方面影响公司治理效果：一是经理人是否持有一定数量的股份，二是股权集中度，三是股权身份多元化，四是股权结构的弹性。对初创项目，股东、董事与经理人存在高度复合，在这种情况下，股权结构对内部治理的有效性具有格外重要的影响。

(2)董事会

董事会作为一种制度安排，是股东为保证与经理人的合作效率而在公司设立的代替自己行使权力的机构，其作用在于帮助解决公司中的代理问题。董事会发挥作用的效果在一定程度上取决于董事会的构成、董事会成员的来源、董事的知识结构与视野、董事参与公司治理的意愿和能力等。

(3)总经理

对初创项目而言，总经理、创业者、出资人往往是复合在一起的。

5.5.2 董事会的形成

作为公司董事会，其形成有资格上、数量上和工作安排上的具体要求，也有其具体职责范围：

(1)从资格上讲，董事会的各个成员必须是董事。董事是股东在股东大会上选举产生的。所有董事组成一个集体领导班子，成为董事会。

法定的董事资格如下：首先，董事可以是自然人，也可以是法人。如果法人充当公司董事，就必须指定一名有行为能力的自然人作为其代理人。其次，特种职业和丧失行为能力的人不能作为董事。特种职业如国家公务员、公证人、律师和军人等。最后，董事可以是股东，也可以不是股东。

(2)从人员数量上说，董事的人数不得少于法定最低限额，因为人数太少，不利于集思广益和充分集中股东意见。

但人数也不宜过多，以避免机构臃肿，降低办事效率。因此公司应在最低限额以上，根据业务需要和公司章程确定董事的人数。由于董事会是会议机构，董事会最终人数一般是奇数。

(3)从人员分工上，董事会一般设有董事长、副董事长、常务董事。人数较多的公司还可设立常务董事会。董事长和副董事长，由董事会成员过半数互相选举产生，罢免的程序也相同。

(4)在董事会中，董事长具有最大权限，是董事会的主席。主要行使下列职权：

第一，召集和主持董事会会议；

第二，在董事会休会期间，行使董事会职权，对业务执行的重大问题进行监督和指导；

第三，对外代表公司，即有代表公司参与司法诉讼的权力、签署重大协议的权力等。

5.5.3 董事会的议事规则①

董事会的核心职能是决策，会议的程序和规则对决策的效率、效果及法律效力具有重要影响。董事会的议事规则需要形成规范的制度文本，需要回答的主要问题是：

董事会的议事范围包括哪些？

董事会分为几种类型？

会议在什么情况下召开？

应当提前多少时间、以什么方式通知参会人员？

会议需要什么人参加？

会议的召集人和主持人是谁？

会议需要提前做哪些准备？

决议形成的方法是什么？

对代表委托有什么规定？

哪些事项可以事后承认？

会议记录和会议纪要②如何形成、确认与传递？

---

① 初创项目董事会的结构相对简单，议事规则也应符合创业企业的特点，但这并不是说不需要议事规则，无论是从效率的角度，还是从各方权益保护的角度，制度化的议事规则都是必须要有的。

② 在不与法律法规相抵触的情况下，会议纪要在一定范围内具有法律效力。

对缺席人员有何规定?

《公司法》第四十九条规定:董事会决议的表决,实行一人一票。而《公司法》第四十三条规定:股东会会议由股东按照出资比例行使表决权;但是,公司章程另有规定的除外。

案例:大鹏公司是一家小规模的有限责任公司,公司股东只有 3 人,钱某独占 6 成股份,是大股东兼董事长,其他两位股东也兼任董事。随着公司业务量的持续增长,三人的分歧逐渐显现,尤其体现在董事会会议的表决程序上,钱某一心要搞一言堂,在其他董事对他的议案持反对意见的时候,就会搬出公司章程。

公司章程中有这么一条规定:股东会会议和董事会会议的表决由股东按出资比例行使表决权。这条规定为什么会被写进章程里,而且竟也通过了?原来,公司章程当初是由钱某负责起草的,由于大家都是朋友,有着共同的目标,并没有想到钱某会在章程里做手脚,而且其他两位股东又都没有开公司的经验,因此在通过公司章程的过程中也没能认清这条规定所涉及的利害关系,未加推敲就签字同意了。

钱某仗着有公司章程的规定,无视其他董事的意见,将公司牢牢把持在自己的手里,矛盾愈演愈烈,最终闹上法庭。

从表面上来看,钱某依据公司章程规定的程序行使权力,似乎没有什么问题,而且公司章程也是按正当程序通过的,钱某在整个过程中没有什么过错,要说有过失的话也是存在于其他股东,他们既然同意通过了公司章程,就应该为自己的草率行为负责。但事实上并非如此,公司章程不得违反法律的强制性规定,否则违反部分无效。因为《公司法》第四十九条对董事会表决权已经有明确规定,钱某在章程中的设计便没有法律效力。

这个案例也提醒创业者,初创项目虽小,基本的治理问题需要慎重考虑,只有基本规则合法、合理,创业公司才会有更好的发展。

5.5.4 公司治理中的激励机制

激励机制是所有者与经营者等利益相关者如何分享企业经营成果的一种契约。激励机制的核心是协同各方利益追求,最大限度地实现企业价值。激励的主要来源是剩余索取权,公平合理地分配剩余索取权对大多数要素提供者来说是最大的激励。剩余索取权规则应该解决两个层次的问题,一是谁来索取,二是按什么原则索取剩余。前者是指谁创造剩余,谁获取剩余,这是基础层面的制度安排;后者是指剩余索取权与剩余控制权的对应。

激励方式有多种划分。依据激励是否采用货币形式,分为经济性激励与非经济性激励;依据激励产生的原因,是外部强化,还是来自激励对象的心理强化,分为外在激励和内在激励;依据正反向的不同,还可以分为奖励激励和惩罚激励。

建立有效的激励机制有两个环节:一是对绩效的准确评估,二是依据绩效表现给予适当的激励。

创业企业发展具有明显的不确定性,可以用于激励的物质资源有限,激励机制的设计需要考虑自身特点。从公司的角度来说,主要考虑的问题是:如何用较低的现金成本稳定员工、如何锁定和促进员工的长期贡献。从员工的角度来说,主要考虑的问题是:如何从公司的业绩增长中尽快获得收益、如何从公司未来的高成长中获得未来的利益。

(1)在物质激励的基础上更加重视对精神、情感的激励

根据马斯洛的需求层次理论,当员工基本的生理需求和安全需求这些低级需要满足以后,他们更重视社交、尊重、自我实现这些高级的需求。这一点在创业型企业更为明显,这就要求

企业管理者遵循“以人为本”的管理理念，正确运用情感激励，培养创业团队成员对企业的忠诚和信任，而最有效的情感激励是对他们的尊重与肯定、理解与支持、信任与宽容、关心与体贴。一个生日蛋糕，一件小礼物，也可以最大限度地激发员工的工作热情，有利于企业自身的成长和发展。大企业一般靠完善的制度来激励，而中小企业往往制度缺失，如果再失去人情味，那么可想而知，企业将很难生存。

(2)提供创业机会，以参与促激励

在企业创业的同时为成员提供参与创业的机会，一方面可以满足员工的心理需要，增强他们的参与感，使他们有满足感和自我提升感，另一方面，在没有增加任何成本的前提下，可以将任务分散化处理，无形中提高高层的工作效率，也有利于公司民主管理。此外，进行授权管理，还可以为员工提供足够的发展空间，留住并激励员工努力工作。据有关调查显示，人才出走念头和最终形成出走事实的根本原因，一是得不到领导的信任，二是没有施展能力的舞台。

(3)股权激励①

创业公司实施股权激励的方式有如下几种。

①虚拟股权：员工获得虚拟的股权比例，并不获得实际的股权，获益与对应公司股权的分红相关。

公司授予激励对象一种“虚拟”的股权，激励对象可以据此享受一定数量的分红权和股价升值收益。如果实现公司的业绩目标，则被授予者可以据此享受一定数量的分红，但没有所有权和表决权，不能转让和出售，在离开公司时自动失效。在虚拟股权持有人实现既定目标的条件下，公司支付给持有人收益时，以现金或等值股票进行支付。虚拟股权是通过其持有者分享企业剩余索取权，将他们的长期收益与企业效益挂钩。

②股权增值权：员工按照一定的股权比例获得对应的股权增值收益。

③股权直接授予：在一定的条件下，直接向员工授予公司的股权。

④股权期权：授予员工在未来某一时间购买或获得股权的权利。

如果创业公司在短期内业绩增长有限，那么虚拟股权和股权增值权的方式均会给公司造成较大的现金支付压力。而且虚拟股权的方式并不会对员工的长期表现产生较大的激励作用，因为员工的收益与分红有关，就算业绩下滑，也可能会得到分红。尽管股权增值权方式能将员工利益与公司未来业绩的增长挂钩，但员工未得到实际股权，并不和其他股东一起承担公司经营风险，因而获得的激励作用也有限。

采用股权直接授予方式，员工获得的是实实在在的“股权”(一般情况下授予人是公司的大股东)，公司可以用这种方式代替现金支付，从而节省成本。另外，员工获得股权后，其利益便与公司整体利益挂钩，这对锁定员工的长期贡献具有重大意义。从员工的角度来说，一旦获得真实的股权，则不仅可在公司有盈利时获得分红，而且可以股东的身份分享公司未来发展的收益。

就股权期权而言，可以通过设定获得股权的对价从而将员工的收益与股权的增值锁定，因此在激励效果方面比股权直接授予要强许多。但获得股权的对价、获益的评估等因素对股权期权的实施非常重要，这便涉及公司价值评估的问题。对于创业公司来说，公司的发展可能非线性，也可能根本无规律可循，因此公司现在价值的评估及未来价值的预估都是比较困难的问题，而且容易导致员工和公司之间出现分歧。

---

① 如果企业有上市的计划，对股权激励占公司股本的比例应当有所限定，我国要求低于10%。

(4)建立有效的沟通与反馈机制

从个体行为的角度来考察,员工有一种及时了解上级对自己工作评价的需求。当这种信息不能及时反馈给员工时,他们一方面会迷失行动方向,即不知道自己的工作方法究竟是否正确,从而彷徨不前,另一方面,他们会感到自己的工作不被组织重视,从而失去工作动力。由此可见,建立一种制度化和非制度化相结合的沟通与反馈机制十分重要。同时,反馈可以同样扮演强化的角色,虽然反馈可能既非奖赏也非惩罚,但反馈本身就是一种激励,它在塑造人的行为上起着重要作用。

(5)建立双梯阶激励机制

双梯阶激励机制(Dual Ladders),也称双重职业生涯路径(Dual Career Paths),是20世纪50年代中期,美国一些企业为了给组织中的专业技术人员提供与管理人员平等的地位、报酬和更多的职业生涯路径系统的激励机制。双梯阶激励的关键就在于形成两条平行的职业生涯路径,一条是管理职业生涯路径,即管理梯阶,一条是技术职业生涯路径,即技术梯阶。沿管理梯阶提升意味着员工享有更多的决策的权利,同时要承担更多的责任;沿技术梯阶提升意味着员工具有更强的独立性,同时拥有更多从事专业活动的资源。在两条路径的平行层级结构中,相同级别的人员具有同样的地位、报酬和奖励,从而使走技术路径的人员能与管理人员享有平等的发展机会和层级。同时,这种双梯阶机制允许技术人员自行决定其职业发展方向,他们可以继续沿着技术梯阶发展,也可以转入管理梯阶发展,从而解决了专业技术人员曾普遍面临的报酬低、发展机会小的困境,激发其更加全心全意地工作。

(6)营造企业的文化激励机制

企业文化作为企业形象和理念的氛围平台,往往在激励人才成长等正向行为上,产生着巨大的基础作用。

5.5.5 股权激励设计示例

对于大股东而言,股权激励是一种"散财"行为。散得好,财散人聚;散不好,财散人散。相比上市公司而言,非上市公司的股权激励缺少具体的法律法规可供参照,其复杂程度、棘手程度更高。

C咨询公司为S企业设计的股权激励方案

案例背景:受人才流失之困,渴望股权激励

S公司是北京一家大型自主研发企业,近年来市场一片大好,公司转入高成长期。但令大股东担忧的是,团队的工作士气开始有下降的征兆,高层次人才流失率有不断上升的趋势。为扭转员工的工作心态,保留核心骨干员工,公司尝试推行股权激励计划。

谈到股权激励的构想,S公司对咨询人员表达了这样几点期望:第一,合理确定每位员工的股权授予数量,避免分配不公;第二,合理确定股价,确保激励对象能按个人实际付出分享公司的经营成果;第三,确定适合公司的激励方式,既操作简单又有激励效果;第四,合理确定激励周期,既不使员工觉得遥不可及,又要规避一些员工的短期行为。

另外,S公司也表达了自己的一些担忧,比如,在目前经济危机的时候实施股权激励,时机合适吗?授予股权后,员工不努力工作怎么办?员工中途离职,股权收益如何结算?员工对股权不感兴趣,怎么办?

解决方案:在系统诊断的基础上进行分层激励、分步推进

咨询公司尽职调查后发现,S公司目前采用的是"拍脑袋"式的薪酬激励方式,没有科学的

依据，激励机制缺乏公平性和竞争性，也没有长期留人的手段。这是导致士气低落、人才外流的主要原因。为从根源上解决这一问题，咨询顾问对S公司的治理结构、所处的发展阶段、战略规划、企业文化、薪酬结构、考核方式等方面进行了深入分析，并在此基础上拟定了系统的股权激励方案。其关键点如下：

第一步，从人力资本附加值、历史贡献、难以取代程度三个方面确定激励对象范围。

全员持股尽管在美国非常流行，但在中国并不适用，用在中国的非上市公司身上更不妥当。在一定程度上来说，无原则地扩大激励对象范围是产生股权纠纷的根源所在。所以，确认激励资格，应从人力资本附加值、历史贡献、难以取代程度三个方面予以考察。

从人力资本附加值来看，激励对象应该能够对公司未来的持续发展产生重大影响，毕竟着眼于未来是股权激励的根本。从历史贡献来看，激励对象应该对公司过去的经营业绩增长或管理能力提升做出了突出贡献，因为尊重历史贡献，是避免出现内部争议风波的基础。从难以取代程度来看，激励对象应该包括那些掌握核心商业机密和专有技术的特殊人力资本持有者，关注难以取代程度，是保护企业商业机密的现实需要。

根据以上原则，将S公司的激励对象分成了三个层面：第一层面是核心层，为公司的战略决策者，人数占员工总数的1%～3%；第二层面是经营层，为担任部门经理以上职位的管理者，人数约占员工总数的10%；第三层面是骨干层，为特殊人力资本持有者，人数约占员工总数的15%。

第二步，进行人力资本价值评估，结合公司业绩和个人业绩的实现情况，综合确定激励力度。

激励人还是激励人所在的岗位？这是个争论不休的话题。解答“对人还是对岗”这个难题，需要上升到企业的发展阶段及面临的管理主题这个层面来考察。

对于处在成长期的企业来说，其业务模式尚不固定，兼岗、轮岗现象非常普遍，很难用一个固化的岗位说明书来界定员工的工作内容。在这种情况下，岗位价值不应该成为确定股权激励力度的依据。对于处在成熟期的企业来说，其业务模式趋于固化，员工的能力发挥在很大程度上取决于其所在的岗位，“统一、规范、有序”成为企业的管理主题。此时，进行基于岗位价值的评估对于确定股权激励力度来说非常重要。鉴于S公司尚处在成长期，适合以人力资本价值评估为依据来确定员工的初始激励力度。结合S公司的实际情况，在评定人力资本价值时，重点考虑激励对象的影响力、创造力、经验阅历、历史贡献、发展潜力、适应能力六大因素。

值得一提的是，无论对人激励还是对岗激励，固化激励额度的做法都是不妥当的。为此，应当引入股权激励的考核机制，并且将考核分为公司绩效、部门绩效(或项目绩效)、个人绩效三个层面。对于层面比较高的员工，强化对公司绩效的考核；对于层面稍低的员工，强化对个人绩效的考核。根据考核成绩从高到低划分成S、A、B、C、D五个等级，按考核等级确定最终激励额度，依次为1.2倍、1.1倍、1.0倍、0.8倍、0倍。

第三步，按激励层面确定激励方式。

激励效果不仅取决于激励总额，还取决于激励方式。确定激励方式，应综合考虑员工的人力资本附加值、敬业度、员工出资意愿等方面。结合S公司的实际情况，相应的激励方式如下：

对于附加值高且忠诚度高的员工，采用实股激励，以使员工体会到当家做主的感觉。参照上市公司股权激励的相关规定(用于股权激励的股本比例不得超过总股本的10%)，结合S公司的股本结构及激励期内预期业务增长情况，我们建议用于实股激励的股本数量为500股(约占公司总股本的5%)。个人授予量根据人力资本价值予以确定，即个人授予量＝500股×个人人力资本价值/$\sum$个人人力资本价值。

对于不愿出资的员工，采用分红权激励和期权激励，以提升员工参与股权激励的积极性。分红权数量取决于激励对象的人力资本价值及激励期的每股分红额，即个人获授分红权数量=个人人力资本价值/每股分红额。期权授予量取决于人力资本价值及激励期内的股价增长情况，即个人获授期权数量=个人人力资本价值/每股价差收益。

第四步，按企业战略确定股价增长机制。

股权激励之所以能调动员工的积极性，其重要的一个原因就是，激励对象能够通过自身的工作努力影响激励成果的大小和实现概率。选取恰当的激励标的物，可以实现企业与员工的双赢。

确定激励标的物，应综合考虑这样四个因素：第一，激励标的物必须与公司的价值增长相一致；第二，激励标的物的价值评定应该是明确且令人信服的；第三，激励标的物的数值应该是员工可以通过自身努力而影响的；第四，公开激励标的物时应不至于泄露公司的财务机密，这一条对非上市公司而言非常重要。

对照上述标准，结合S公司所处的发展阶段及财务管理现状，公司选取了销售额这一增长类指标作为股价变动的标的物。考虑到销售额增长率与净利润或净资产的增长率并非一一对应，结合S公司的历史财务数据，将股价增长率确定为销售额增长率的60%（可由董事会根据当期实际经营情况予以适当调整）。举例说，如果目标年度销售额相对于基期销售额的增长率为50%，则股价增长率为30%。

第五步，综合企业的战略规划期、员工的心理预期、工作性质确定激励周期。

若要产生长期激励效用，股权激励必须分阶段来推进，以确保员工的工作激情能够得以延续。划分激励时段，可参照企业的战略规划期、员工的心理预期、工作性质三个方面进行综合确定。

一方面，作为支撑企业战略实现的激励工具，股权激励的周期应与企业的战略规划期相匹配。另一方面，股权激励旨在通过解除员工的后顾之忧来赢取员工的忠诚，过长的激励周期会弱化激励效果，无法调动员工的参与欲望，但过短的激励周期也会使一部分员工萌生投机念头。最后，企业之所以采用股权激励，也是因为某些岗位的工作成果无法在短期内呈现出来，所以股权激励的周期设置还应考虑激励对象的工作性质。

根据S公司的实际情况，将股权激励的授予期设为3年，按3∶3∶4的比例，每年1次，分3次授予完毕，同期股权的解锁及期权的兑现亦分3年期实施，这样，一项股权激励计划的全部完成就会延续6年。之所以设成循环机制，其原因在于，在激励的同时施加必要的约束——员工中途任何时刻想离开企业，都会觉得有些遗憾，以此增加其离职成本，强化长期留人的效用。

第六步，签署授予协议，细化退出机制，避免法律纠纷。

为规避法律纠纷，在推行股权激励方案前应事先明确退出机制。参照《劳动合同法》，结合研发型企业的工作特点，S公司可从三个方面规定退出办法：

其一，对于合同期满、法定退休等正常的离职情况，已实现的激励成果归激励对象所有，未实现部分则由企业收回。若激励对象离开企业后还会在一定程度上影响企业的经营业绩，则未实现部分也可予以保留，以激励其能继续关注公司的发展。

其二，对于辞职、辞退等非正常退出情况，除了未实现部分自动作废之外，已实现部分的收益可适度打折处理。

其三，对于只出勤不出力的情况，退出办法规定，若激励对象连续两次考核不合格，则激励资格自动取消，即默认此激励对象不是公司所需的人力资本，当然没有资格获取人力资本收益。

在确定股权激励方案后，与激励对象签署股权授予协议是一个不可或缺的环节。这是股权激励正式实施的标志，也是对双方权利和义务的明确界定。

S企业股权激励设计过程表明：

第一，股权激励是一个系统的管理行为，是否能起到激励效果，给不给股权仅仅是一个因素，给多少、什么时间给、以什么方式给、给谁等问题均与激励效果有密切关系。

第二，股权激励相对于大股东而言是一项支出，既然是支出，就需要考虑其回报，因此对激励对象的潜在价值需要客观评估。

第三，股权的变动牵涉企业基础结构的稳定性，在赋予成员收益权的同时，是否给予表决权，需要慎重考虑。

第四，股权激励要同公司的战略相匹配，体现其导向性。

第五，股权激励要在法律法规框架内进行，与公司未来资本经营的战略要求相符合，例如，如果股权激励超过股本的10%，对于未来上市会带来不利影响。

5.5.6 公司治理中的约束机制

传统企业治理机制主要是为了防范代理人做出不利于投资人的行为，基本的方式是借助股东会、董事会、监事会进行决策前的防范、运行中的督导及结果的考评，实现对经营者的监察和控制。

创业企业普遍规模比较小、成长波动性大、资源比较紧张、管理体系性较差，难以建立严密、复杂的约束机制。而且创业企业的投资人与主要管理人员经常是同一群人，他们之间或是朋友、或是亲人，情感方面的联系比较复杂。代理人问题在创业企业中，特别是在发展初期，并不是很典型。合伙人之间的关系、投资人与运营团队之间的关系更容易出现冲突。

(1)决策冲突。初创项目一般有三五个合伙人，大多数都直接参与管理。不论有无经验都担当重要的管理岗位，都发表“重要意见”，有时难免在解决同一问题上出现不同的认识，提出不同的方法。特别是在合伙人出资比例相当的情况下，往往会引发激烈的争论，使问题迟迟得不到解决，还伤及合伙人的感情，一旦出了问题，又互相推诿、互相指责，正所谓“艄公多了要翻船”。

(2)利益冲突。随着企业的发展，当利润滚滚而来时，合伙人各自的心态开始不平衡起来，原先出资时过于谨慎的此时后悔出资太少，虽然也做了不少工作却分不到多少钱，产生了“老板给老板打工”的心态；还有些合伙人虽然名义上出资少，但企业的创办和发展却与其身份和掌握的社会资源有密切的关系，但这些“无形资产”都没有量化成出资额，这些人的心态也开始紊乱起来；还有的企业由于管理和人为因素造成财务混乱，账目不清，合伙人利益之争更是瞬时加剧。

(3)管理冲突。初创项目中最难管的人就是合伙人本人。他们既是员工又是出资人。许多合伙人却不能摆正这种关系，认识不到在工作中自己也是一名普通员工，也要遵守规章制度。事实上，他们往往自觉不自觉地把自己当作特殊的人，到处发号施令，有规不守、有纪不遵，这给合伙执行人和聘请的经理及员工的工作都造成了很大的影响。

(4)信息冲突。企业忙于经营，但疏于沟通。有的企业甚至从来都不召开股东会、不召开董事会，团队成员、投资人对企业发展缺少统一认识与判断。

综合理论研究与实践方面的观点，通过制度建设，处理好"人治"与"法治"的关系是解决问题的关键。初创项目的高度不确定性决定了"人治"具有较高的效率，但是如果没有基本的制度保障，"人治"可能带来灾难性的后果。在制度建设方面，重点需要做好股权结构、股权变动、董事会决策规则、财务报告、主要管理人员绩效考评等方面的制度建设。譬如，针对上述第(2)个问题，可以在公司成立时约定一个股权调整的条款，即在公司发展的特定阶段进行股权结构调整，并明确调整的基本原则。

本章总结

基本概念

信息不对称、契约不完备、委托代理、企业控制权、经济增长、财产关系、价格机制、资本、资本主义、以人为本、业主制企业、合伙制企业、公司制企业、离岸公司、代理成本、企业法人、清算法人、激励相容、虚拟股权、股权增值权、股权直接授予、股权期权、内部治理、董事会、独立董事

思考题

(1)哪些因素是经济增长的驱动因素？

(2)许多经济学家将产权视为制度安排的核心，你是如何理解的？这对于创业企业管理有何借鉴意义？

(3)经济秩序是如何产生的？

(4)"贪婪是好的"，你是如何理解这句话的？

(5)社会多元化与经济资本化之间是什么关系？

(6)资本被认为是一种生产关系，这在企业中是如何体现的？

(7)个人独资企业与一人有限公司有何区别？

(8)股东权利与企业法人权利是否相同？

(9)委托人和代理人实现策略均衡的基本原理是什么？

(10)股权结构是如何影响公司治理的？

(11)有的初创项目习惯于用股权赠予激励员工，你是否赞同这种做法？

第 6 章

投资者关系管理

投资者是创业企业最大的客户。如何建立与维护同投资者的关系(Investor Relationship,IR)是关乎企业命运的大事。在初创项目中存在下面一些偏见：

我的项目很小,资本市场不会看上这样的小项目。

我的项目很好,资金不是问题,不需要去理会投资者。

投资人对我们似乎不信任,经常来公司,真是烦人!

业务和技术上的事情属于创业团队,投资人就不要操心了!

这些偏见反映出来的是创业团队封闭的心态,以及面对资本市场的怯懦和抵触。

找到一家脱离资本市场、但可以成功创业的企业,在当下是一件困难的事情。这就是投资者关系管理的必要性所在。即使是初创项目内部也存在投资者关系管理的问题。将近 70% 的创业团队在企业创办三年内会发生人员变动,仅仅不到 20% 的团队在五年以后仍然保留原貌。这些团队成员本身也是企业的投资者,企业同样需要处理好与来自创业团队内部的投资者之间的关系。

投资者关系管理的相关理论知识是基于上市公司资本市场行为产生的,结合创业企业的特点,本章重点探讨如下问题：

通过什么途径建立与潜在投资者的关系?

作为一种管理行为,投资者关系管理的特点是什么?

投资者关系管理的基本方法、技术、途径、策略是什么?

6.1 融入投资者

一个创业项目的价值究竟如何,这在一定程度上取决于它所处的环境。在缺少投资者的环境中,只有创业者自己清楚和欣赏项目的价值,而在开放的资本交易网络中,项目的价值会因为受到关注而大幅提升。就好像一匹战马,如果将其放在乡村,或许老农都看不上它,只有战场才是体现其存在意义的地方。

相当一部分创业者对资本市场抱有敏感而抵触的心理,原因大致有如下几种：

(1)对项目不自信;

(2)感觉自己地位低微,囊中羞涩,英雄气短;

(3)不知道如何融入资本市场;

(4)担心自己的项目被模仿与复制;

(5)害怕失去对项目的控制权;

(6)没必要,抱有"酒香不怕巷子深"的态度。

所以,许多创业企业的股权结构相对来讲是比较封闭的,股权完全控制在创业者本人或几个亲近的人手中,对天使投资、风险投资等资金的使用比较少。而这种结构会逐渐成为企业发展的约束,这种约束一方面表现在资金来源不充足,另一方面表现在企业发展战略与经营欠缺专业性。转变观念、拓展人脉、加入创业俱乐部之类的团体活动、留意创业金融市场的动态等均是有助于提升股权结构开放度的途径。

在初创项目的投资人网络中,天使投资,包括个人天使和机构天使,是最重要的群体。机构天使一般有官方的网站与办事机构,而且会公开组织一些甄选项目的活动,创业企业可以根据自身情况有选择性地参加。对于个人天使则主要靠关系网络去联系,有些地区的个人天使会有常规的聚会、论坛等交流活动,这也是增进了解的机会。

表6—1 天使投资的偏好

对创业者的考量	诚信、有经验、情商高、判断力、学习力、执行力、工作激情
对项目的考量	专注特定的领域、持续盈利的能力、独特性
股权	一般不要求控股
行动标准	公司利益优先,规章前置,重视积极的沟通
收益方式	股权溢价,分红,一般不期望短期获利
参与公司管理	在尊重创业团队自主经营的前提下,希望对公司发展有帮助,希望了解详细的情况
投资额度	一般不高,很少超过200万元人民币
投资时机	一般在种子期,部分在成长期

表6—2 天使投资希望看到的与不希望看到的情况

事项	希望	不希望
经验	有行业内成功的工作经验,熟悉业务操作	没有工作经验,或在本领域没有相关经历
兴趣	有执着与热爱	机会主义,凡事抱着试试看的态度
坚持	志存高远,脚踏实地	为了面子而坚持,不能理性抉择
思路	有清晰的工作思路、计划与节奏	思路不清晰,而且经常变化
团队	技术、市场、财务等方面的人员都有,能互补	团队成员没有人掌握项目的核心技术,以营销与一般管理人员为主
品质	诚信、踏实、勤奋、节俭	用投资人的钱做一些与企业发展无关的事情,例如购买豪华轿车,夸大经营业绩

6.2 公司在资本市场的营销

随着经济发展市场化程度的提高，对投资性资本的竞争成为公司获取竞争优势的关键。公司要想构建竞争优势，实现持续经营，培育新的利润增长点，不仅需要满足下游产品市场中顾客“上帝”的需求，而且需要在资本市场上构建与投资者之间信任、共赢的关系，形成企业的竞争优势。

因此，资本市场上的公司营销成为实践的需要。资本市场中的公司控制权市场、公司并购市场以及董事和经理人市场的公司营销行为均具有相同的特点：向目标客户传递公司战略与价值，引导他们发现公司的整体性价值，形成有效预期，与创业公司建立长期共赢的关系。因此，与传统的以客户为导向的营销行为不同，公司需要在资本市场上营销自身未来可能实现的整体价值。

对资本市场公司营销行为的概括，以菲利普·科特勒等人的吸引投资者模型①（见图6—1）与赫尔曼·西蒙等人的投资者营销模型（见图6—2）较为经典。

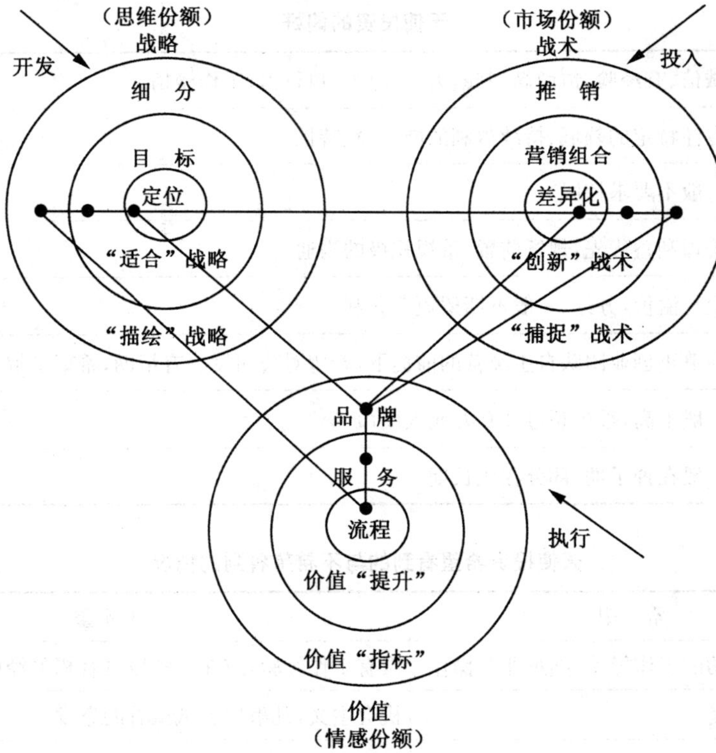

图6—1 吸引投资者模型

在吸引投资者模型中，企业在资本市场的营销行为包括获取投资者情感份额、市场份额、

① 菲利普·科特勒等：《吸引投资者——一个企业寻求资金的营销途径》，范秀成主译，东北财经大学出版社2005年版。

思维份额三个方面的策略动作，策略体系由定位、目标、细分、差异化、营销组合、推销、流程、服务、品牌九个要素构成。

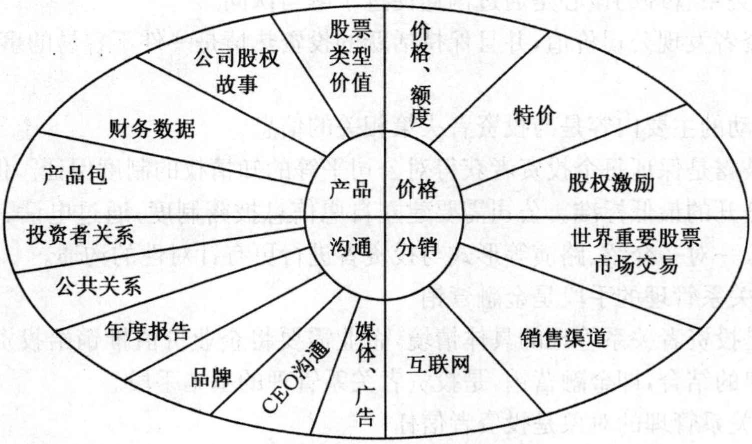

图 6—2 投资者营销模型

西蒙等认为资本市场竞争的加剧使得公司需要向投资者更有效地营销自己，取得最优的定位。投资者营销通过关注投资者的需求支持公司的投资者关系管理活动，包括关注投资者长期利益的战略导向和有效的营销战略。企业需要对应不同的目标群体采取不同的“推、拉”战略，如对机构投资者应采取“推”战略，对个体投资者和分析师应采取“拉”战略，媒体是影响所有目标群体的中介。投资者营销战略的核心内容是股权故事（即公司战略），股权故事是投资者营销矩阵中的产品，股权市场价格不是直接与公司价值相吻合，而是市场供求的平衡。股权故事（公司战略）的目的是用投资者、分析师、业务合作者和媒体的语言沟通公司战略。股权故事的内容包括：公司的行业定位和建立行业竞争优势（可被投资者和分析师所感知的重要的、清晰的定位和持续的竞争优势）。投资者营销的战略实施工具包括产品、价格、渠道、沟通四个方面。

6.3 投资者关系管理的内涵

投资者关系是指公司与股权、债权投资人或潜在投资者之间的关系。投资者关系管理是帮助投资者识别和发掘公司真实价值的一个手段。

(1)投资者关系管理的本质是公司持续发展战略行为

企业战略包括产品经营和资本运营两个部分。产品经营是企业生产经营的战略规划和实施方案；资本运营是指企业在资本市场的投融资战略。作为企业战略的重要组成部分，投资者关系管理将企业产品竞争战略同资本竞争战略结合起来，达到彼此支持、相得益彰的效果。伴随着企业战略的变化，创业企业需要不断向已有投资者和潜在投资者介绍企业生产经营情况和战略规划，以取得他们对企业投资价值的认可。

(2)投资者关系管理的目的是实现公司相对价值最大化

公司价值、产品价值和资产价值是完全不同的三个概念。公司价值不仅是净资产和利润所体现的过去和现在的价值，还包含着公司未来盈利和发展的潜力，是投资者对企业未来的一种预期。投资者关系管理的目的是通过向投资者不断展示公司前景,以及与投资者的沟通,使投资者能够发现价值,或者引进战略投资者为公司创造价值。

(3)投资者关系管理的核心是通过沟通促进了解与认同

如何让投资者发现公司价值,并且保持活跃的投资热情是一件不容易的事情,需要通过有效沟通去实现。

(4)沟通互动的主要内容是与投资者决策相关的信息

强制信息披露是保证每个投资者获得对公司平等的知情权的制度保证。但强制信息披露只规定了信息公开的最低标准。公司需要建立自愿信息披露制度,通过电话、参观、分析师会议、小型说明会、一对一介绍、路演等形式与投资者进行更有针对性的沟通。

(5)投资者关系管理的手段是金融营销

资本市场是投资者关系管理的具体情境,企业需要将企业价值推销给投资人。营销方法与金融市场规律的结合,即金融营销,是投资者关系管理的基本手段。

(6)投资者关系管理的对象是投资者信任

投资者关系是由以投资者为核心的、包括相关服务人员和单位共同组成的网络。企业会借助于中间环节实现同投资者的联系,譬如通过中介结构接触潜在投资人。信任是这个网络的根本,投资者关系管理就是要通过相应方法和策略,建立和维护信任关系,为双方的合作奠定基础。

根据美国投资者关系管理协会发布的《投资者关系操作标准》,投资者关系管理包括如下内容:

(1)公司投资者关系官员的职责;[①]

(2)投资者关系内涵;

(3)公司在操作投资关系中的信息披露方式;

(4)内部信息沟通;

(5)公司在处理分析师[②]和投资者的关系时需考虑的财务因素;

(6)投资者关系顾问的作用;

(7)信息披露的标准和指南、信息披露职业操守等。

6.4 投资者关系工作的目标管理

不同的市场、不同的公司和同一公司的不同发展时期,投资者关系管理的目标战略是不同的。

(1)不同的市场决定了投资者关系管理的地位不同

在成熟的资本市场,投资者的信任和支持对企业成长至关重要,投资者关系管理是一项不可或缺的工作。在资本市场发展不完善的国家和地区,投资者关系管理的发展相对落后。从趋势上看,投资者关系管理将成为企业发展体系的重要内容。

---

① 投资者关系管理专员是一个新型的职业。

② 分析师是活跃在资本市场上的一种职业,为投资人提供信息支持,对舆情具有引导作用。

(2)不同扩张模式的公司决定投资者关系管理的地位不同

在以债务性融资为主要支撑的企业，投资者关系管理没那么重要，但是对于热衷于借助股权融资发展的企业，投资者关系管理就格外重要。

(3)处于不同发展阶段的公司对投资者关系管理的理解有所不同

创业初期的企业更多关注产品市场，成长期的企业因为渴望外部资本的注入而关注投资者关系管理。

确定投资者关系管理的战略目标需要考虑如下方面的要求。

(1)量化和非量化指标

量化指标包括关注公司的投资者的数量、对公司具有影响力的报道的篇数、投资者咨询电话的次数等、公司参加投资者活动的次数等。

非量化指标包括建立内部信息汇集制度、与投资者保持有效沟通、在投资者之间形成良好形象等。

(2)公司资本市场形象定位

公司在资本市场的形象定位是公司易于识别的标识。清晰、一致、个性、积极的形象符号对建立与投资者的关系具有重要意义。

(3)积累公司信誉

信誉是通向资本市场的身份证。投资者关系管理目标的选择应当有助于积累信誉。

(4)操作层面的安排

充分考虑操作层面的可行性，根据公司的条件和能力选择恰当的目标。

制定投资者关系管理战略的程序如图 6—3 所示。

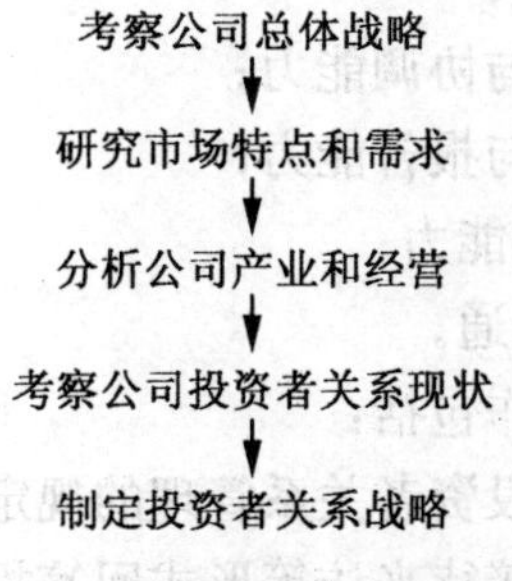

图 6—3　投资者关系管理战略的制定过程

(1)考察公司总体战略

作为公司整体战略的一部分，投资者关系管理必须与公司整体战略协调一致，才能为公司发展发挥作用。考察公司总体战略的重点是理清公司发展对投资者的具体需求，包括资金需求的规模、时机、对投资者的基本要求、可以给出的条件等。

(2)研究市场特点和需求

对创业企业而言，需要发现企业对应资本市场的空间，包括潜在投资者的地理分布、结构特征、偏好、投资习性等。

(3)分析公司产业与经营

公司在产品市场的表现是争取投资者的核心资源，创业团队要善于发现当前及未来公司在产品市场的价值，包括独有的资源、市场优势、技术先进性、团队能力、商业模式的创新性、市场增长空间等。

(4)考察公司投资者关系现状

投资者关系管理的现状是未来工作的起点。创业团队需要清楚地了解企业目前的投资者是谁、他们与企业的关系、他们的意愿、潜在投资者与企业过往的关系、资本市场对企业有利的评价或不利的反馈等。

(5)制定投资者关系战略

投资者关系战略关系企业的基本结构,需要在股东、董事及高级管理人员之间达成一致。投资者关系管理对创业企业来说并不是十分紧迫的问题,但却是十分重要的问题,所以经常会被忽略。因此,在战略确定以后,需要落实具体的执行机构与负责人,并且要进行切实的检查、反馈与调整。

6.5 投资者关系管理的组织与日常工作

一般来说,公司投资者关系管理有两种组织模式:一种是自主管理,由董事会负责;另一种是将投资者关系管理工作委托给专业投融资服务机构,借助第三方力量实现与资本市场的沟通。对于规模比较小的初创项目,单独设立机构或委托第三方会存在一定困难,可以在现有的机构中增设职能,明确由某个岗位或部门来承担这项工作。

一名合格的投资者关系管理专员需要具备以下素质和技能:

(1)对公司的情况有全面的了解;

(2)熟悉投融资政策、财务及营销方面的知识与技能;

(3)掌握接触投资者的基本途径与策略;

(4)对创业金融市场有一定认识;

(5)具有较强的活动策划、组织与协调能力;

(6)具有较强的信息搜集、整理与报告能力;

(7)具有一定的新闻写作与传播能力;

(8)诚实守信,工作稳重,善于沟通。

投资者关系管理专员的日常工作包括:

(1)拟订、修改有关信息披露和投资者关系管理的规定;

(2)通过电话、电子邮件、传真、接待来访等形式回答投资者的日常咨询;

(3)策划与组织实施投资人活动;

(4)媒体(媒介)管理与沟通;

(5)关注与公司发展有关的投融资市场动态,并及时向公司汇报;

(6)跟踪、学习公司发展情况,采用适当的方式与投资者沟通;

(7)与相关中介服务机构保持联系,建立积极协作的关系;

(8)调查研究本公司投资者关系管理状况,定期向公司汇报。

本章总结

基本概念

投资者关系管理、吸引投资者模型、投资者营销模型、股权故事

思考题

(1)小企业是否不存在投资者关系管理的问题?

(2)在你所在的区域,小微企业可以利用的理财工具有哪些?

(3)有调查表明,初创项目团队分离的一个重要原因是股权纠纷,有哪些方法可以减少来自股权问题的困扰?

(4)创业项目的价值是由哪些因素决定的?

(5)为什么有些创业者会排斥资本市场?

(6)股权结构开放性体现在哪些方面?

(7)在吸引投资者模型中,企业在资本市场的营销行为包括哪些策略动作?

(8)在投资者营销模型中,营销矩阵中的产品是指什么?

(9)投资者关系管理包括哪些内容?

(10)投资者关系管理专员的主要工作是什么?

第 7 章

资金成本

资金运动的任何一个环节都包含着产生收益与支付成本两个层面的内容，不理解资金成本，便无法做出精确的判断与合理的选择。

例 1：孙女士看到在邻近的城市中，一种品牌的火锅餐馆生意很火暴。她也想在自己所居住的县城开一个火锅餐馆，于是找到业内人士进行咨询。花了很多时间，她终于联系到了火锅餐馆的中国总部，总部工作人员告诉她，如果她要加入火锅餐馆的经营队伍，必须一次性支付 50 万元，并按该火锅品牌的经营模式和经营范围营业。孙女士提出现在没有这么多现金，可否分次支付，得到的答复是如果分次支付，必须从开业那年起，每年年初支付 20 万元，付 3 年。三年中如果有一年没有按期付款，则总部将停止专营权的授予。假设孙女士现在身无分文，需要到银行贷款开业，而按照孙女士所在县城有关扶持下岗职工创业投资的计划，她可以获得年利率为 5%的贷款扶植，孙女士现在应该一次支付还是分次支付呢？

例 2：张先生要在一个街道十字路口开办一家餐馆，于是找到十字路口的一家杂货店，提出要求承租该杂货店 3 年。杂货店的业主徐先生因店铺受到附近超市的影响，生意清淡，也愿意清盘让张先生开餐馆，但提出应一次支付 3 年的使用费30 000元。张先生觉得现在一次性拿30 000元比较困难，因此请求能否缓期支付。徐先生同意 3 年后支付，但金额为50 000元。若银行的贷款利率为 5%，张先生 3 年后付款是否合算呢？

时间价值、利率与基本的决策规则对解决类似上述案例有很好的帮助。本章关注的重点问题是：

什么是时间价值，时间价值对创业决策的意义是什么？

如何用时间线表示现金流？

如何计算系列现金流的当前价值？

如何计算系列现金流的未来价值？

如何用净现值决策？

什么是利率？

利率的变化对投资决策有什么影响？

如何应用净现值法则、回收期法则与获利指数法则进行决策？

7.1　时间价值

关于时间价值的理解需要把握如下要点：

(1)今天的货币价值与未来的货币价值的差额被称为货币的时间价值。

(2)今天的一元钱要比明天的一元钱更值钱，因为你可以用它来投资。因此货币时间价值最主要的决定因素是资金的周转率与平均回报。

(3)通货膨胀会引起货币价值的变化，风险也会引起货币价值的变化，但是我们所说的货币时间价值一般是指在无风险和通货膨胀的情况下的社会平均回报。

(4)大多数投资涉及的成本或收益都是在不同时点发生，忽略时间价值，投资决策是不可靠的。

(5)时间价值有两种表现形式：时间价值率、时间价值额。

(6)重新树立决策过程中的资本管理观念：不同时点上的货币不再具有可比性，要将其换算到同一时点进行比较。

时间线是用来描述系列现金流动的形象化工具。

例如，假设你同意今天将10 000元借给同学去开办公司，同学承诺在未来两年的每年年末分别偿还6 000元。

(1)在借钱这件事情上，对你来讲有现金支出，未来两年会有现金流入。我们把一系列持续多期的现金流称作系列现金流。

(2)财务决策既包括现金流入也包括现金流出，现金流入为正的现金流，现金流出为负的现金流。

(3)对预期现金流发生情况的线性描述，称为时间线，用以反映现金流动的方向、金额和时间。可以用以下时间线来表示你借钱给同学的现金流情况。

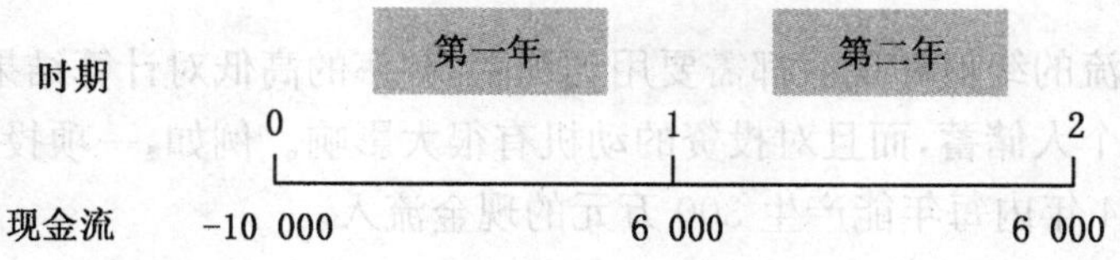

构建时间线时需要确定三个问题：第一是确定时间范围及期间；第二是确定现金流发生的时点；第三是确定现金流的正负，并进而确定每个时点的净现金流量。

现金流在时间线上的移动需要遵守以下三条规则：

(1)只有同一时点上的价值才可以比较或合并；

(2)在时间线上向前移动的现金流，必须对现金流进行复利计算；

假定今天有1 000元钱，要确定它一年以后的等价价值，如果当前的市场利率 r 是10%，则一年以后的价值为：

$$1\,000\times(1+10\%)=1\,100(\text{元})$$

两年以后的价值为：

$$1\,000\times(1+10\%)\times(1+10\%)=1\,000\times(1+10\%)^2=1\,210(\text{元})$$

时间上前移的现金流的价值称作终值(FV)。

利息生利息的效应称作复利。

我们称$(1+r)$为复利因子。

(3)确定未来现金流今天的价值,必须将其折现。

假如预计两年以后你将收到1 000元,如果两年的利率都是10%,则:

第2期为1 000元

第1期为1 000/(1+10%)=909.09(元)

第0期为[1 000/(1+10%)]/(1+10%)=909.09/(1+10%)=826.45(元)

大多数投资活动都会产生不同时点的多期现金流。

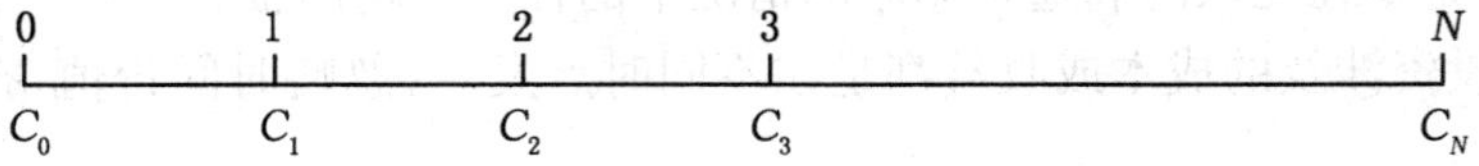

计算现金流现值的步骤:第一步计算每一笔的现值,第二步将折算后的现值进行合并。

$$PV=\sum[C_n/(1+r)^n] \quad (n=0,1,2,\cdots,N)$$

计算系列现金流的终值:

$$FV_n=PV(1+r)^n$$

投资机会的净现值就是投资机会产生的系列现金流的现值,现金流出(投资)为负的现金流,现金流入为正的现金流。

NPV=PV(收益)-PV(成本)=PV(收益-成本)

在投资决策中,基本的决策思路就是选择NPV为最大的方案。

7.2 利率[①]

计算系列现金流的终值和现值都需要用到利率,利率的高低对计算结果具有直接影响。

利率不仅影响个人储蓄,而且对投资的动机有很大影响。例如,一项投资机会要求初始投资1 000万元,未来4年内每年能产生300万元的现金流入。

如果利率是5%,则净现值为:

$$NPV=-1\,000+300/1.05+300/1.05^2+300/1.05^3+300/1.05^4=63.8(\text{万元})$$

如果利率是9%,则净现值为:

$$NPV=-1\,000+300/1.09+300/1.09^2+300/1.09^3+300/1.09^4=-28.1(\text{万元})$$

投资不再是盈利的了。

较高的利率容易导致公司正净现值投资的萎缩,所以政府往往在经济发展缓慢的时候,降低利率来刺激投资,当经济过热或通货膨胀上升的时候,则提高利率以减少投资。

前面我们探讨了在市场利率给定的条件下,如何应用现值和终值的技术来进行投资决策。但是怎样确定利率呢?在实践中利息支付和利率报价的方式有很多种。例如,不同期限的储

---

① 民间借贷对利率有其特定的解释,通常所讲的"几分利"就是一元钱每月有几分钱的收益,例如"3分利"的意思是一元钱一个月要支付3分钱的利息,月利率相当于3%。

蓄存款利率是不同的，不同银行的存贷款利率也有差异。因此，我们需要知道如何为系列现金流确定合适的折现率，从而去评价成本和收益发生在不同时点的决策。

7.2.1 基准利率

首先需要了解基准利率的概念。基准利率是金融市场上具有普遍参照作用的利率，其他利率水平或金融资产价格均可根据这一基准利率水平来确定。基准利率是利率市场化的重要前提之一，在利率市场化条件下，融资者衡量融资成本，投资者计算投资收益，以及管理层对宏观经济的调控，客观上都要求有一个普遍公认的基准利率水平作参考。所以，从某种意义上讲，基准利率是利率市场化机制形成的核心。

在中国，以中国人民银行对国家专业银行和其他金融机构规定的存贷款利率为基准利率。具体而言，一般普通民众把银行一年定期存款利率作为市场基准利率指标，银行则是把隔夜拆借利率[①]作为市场基准利率。

基准利率必须具备以下几个基本特征：

①市场化。基准利率必须是由市场供求关系决定，而且不仅反映实际市场供求状况，还要反映市场对未来的预期。

②基础性。基准利率在利率体系、金融产品价格体系中处于基础性地位，它与其他金融市场的利率或金融资产的价格具有较强的关联性。

③传递性。基准利率所反映的市场信号，或者中央银行通过基准利率所发出的调控信号，能有效地传递到其他金融市场和金融产品价格上。

从一般国际经验看，只有结构合理、信誉高、流动性强的金融产品的利率，才能作为基准利率。在我国目前已经市场化的几种利率中，国债利率(具体地讲是国债二级市场的收益率)最适合充当基准利率。

第一，国债的信誉最高。国债是中央政府以其征税权为担保而发行的债务，只要不发生政治危机，国债几乎是没有风险的。所以，国债在所有金融产品中信誉最高、风险最低，被誉为"金边债券"。无论在投资实践中，还是在理论分析中，要选择无风险利率，非国债利率莫属。

第二，国债市场是我国财政政策和货币政策的最佳结合点，进入流通市场的国债成为跨资本市场和货币市场的金融产品，与各类金融产品具有较强的关联性。所以，选择国债利率作为基准利率，满足基准利率的基础性要求，能有效地传递市场信号和调控信号。

第三，国债发行规模的不断扩大和发行方式的市场化，国债期限品种结构的多样化，使国债在质和量上都有了突破；同时，银行间债券市场的形成，国债二级市场交易规模也在不断扩大，国债流动性明显增强。国债市场的发展使国债利率的市场影响力在不断上升，金融机构在国债发行市场的投标、一般投资者的投资决策，都会考虑国债二级市场的收益率。国债利率已自然而然地充当起基准利率的角色。

7.2.2 选择适合的折现率

利率通常表述为有效年利率(Effective Annual Rate，EAR)，表示在一年后能赚得的利息

---

① 拆借期限较短，最短只有半天，利率就是银行及金融机构之间的短期资金借贷利率，主要用于弥补临时头寸不足，有1～5天的，也有几个月的，但最长不超过1年。以一天为期限的拆借利率为隔夜拆借利率。

总额，在计算货币时间价值的时候，将 EAR 当作折现率。

例如，有效年利率为 5%，100 000元的投资 1 年以后将增长到：

$$100\ 000\times(1+5\%)=105\ 000(\text{元})$$

通过对利率因子$(1+r)$相应地求 n 次幂，就可以计算出较长时间的等价利率。

例如，有效年利率为 5%，100 000元的投资 2 年以后将增长到：

$$100\ 000\times(1+5\%)^2=100\ 000\times1.102\ 5=110\ 250(\text{元})$$

就相当于两年时间的等价利率是 10.25%。

可以用同样方法得出期限短于 1 年的等价利率。例如，1 年的利率是 5%，半年的利息是：

$$(1+r)^{0.5}=1.05^{0.5}=1.024\ 7$$

相当于半年的等价利息率是 2.47%。

将 1 期的折现率 r 转换成等价的 n 期折现率，可用如下公式：

$$\text{等价的 } n \text{ 期折现率}=(1+r)^n-1$$

注：定期支付的 N 笔相同现金流被称为年金，年金的终值计算公式是：$FV=C\times[(1+r)^N-1]/r$

银行给出的年度百分比利率没有考虑复利效应的利息额，因此按照年度百分比利率计算的利息要比实际赚得的少，为了计算实际获得的利息，就需要将年度百分比利率转换为有效年利率。

例如，银行做广告称，存款账户利率为“按月复利，年度百分比利率为 6%”，计算有效年利率。

每个月将赚得 0.06/12=0.005 的利率，按月复利，存 1 元钱，一年的实际收入是：

$$(1+0.005)^{12}=1.061\ 78$$

即实际的年利率是 6.178%，高于银行的年度百分比利率 6%。

银行和其他金融机构报出的利率都是名义利率，它表明货币投资一定时期后货币增长的比率。通货膨胀会引起价格上涨，此时的名义利率就无法表示由投资引起的购买力的增加，需要计算真实利率。真实利率近似地等于名义利率减去通货膨胀率。

利率会因为借款者的身份而不同，譬如银行借款给政府时所要求的利率可能就要低于其他借款者需要承担的利率，因为政府具有更好的履约能力，而其他机构不能偿还借款的可能性更大。因此在选择折现率时要考虑风险问题，如果用银行给政府的利率来进行自己公司的投资决策，很可能就会得出错误的判断。

在某些情况下，借款支付的利息是可以税前列支的，就是说可以抵税，这就产生了抵税收益，你就可以少交一部分税收，相当于降低了你实际的利息负担。

税后利率的计算公式是 $r(1-t)$，其中 r 是利率，t 是税率。

在我国企业所得税法中，对企业发生的利息在什么情况下可以抵税，有明确规定，企业如果能妥善安排借款策略，就可以带来抵税效益，相当于降低了利息负担。

综上所述，在选择折现率时，要准确体现资金使用成本，因此需要考虑税收、通货膨胀、资金市场波动与计算方法等因素。

7.3 决策法则①

7.3.1 NPV决策法则

一个化肥厂研制出一种新的有机肥料，生产这种产品需要新建一座工厂，工厂可以立即建成，耗资25 000万元，建成后从第一年末开始，每年带来3 500万元的收益。

（注：永续年金是指永无终结的定期发生的一系列相等的现金流，假设每期发生的现金为C，折现率为r，则永续年金的现值$PV=C/r$）

$$NPV=-35\ 000+3\ 500/r$$

当$NPV>0$时，投资项目是可行的。

假设资本成本是10%，$NPV=10\ 000$万元，企业应当采纳这个项目。

可以进一步进行敏感性分析，当投资成本等于14%时，$NPV=0$，也就是说，当资本成本高于14%的时候，NPV为负值，项目是不可行的。

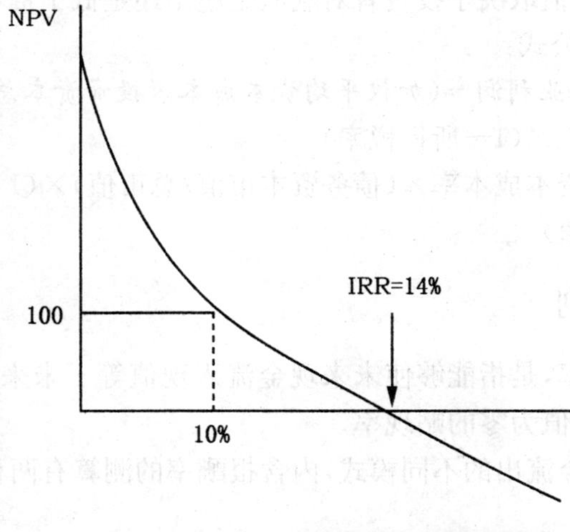

图7—1 不同资金成本下的净现值

7.3.2 回收期法则

最简单的投资法则是回收期法则，它是基于这样的想法：初始投资回收得越快，就越是好的投资机会。应用这个法则首先要计算回收初始投资所花费的时间，即回收期。如果回收期短于预定的时间，则接受该项目，否则就放弃。

例如，上例中的投资人要求回收期不能超过5年，而前五年可以回收17 500万元(3 500×5)，不足以弥补初始投资25 000万元，因此拒绝这个项目。

这种方法没有考虑货币时间价值，也没有考虑资本成本，但因为它比较简单，所以常被用

① 决策法则之所以有意义，是因为存在多个方案需要评价、选择，如果只有一个方案，就相当于一个人面前只有一条路，也就不需要什么决策法则了。因此，应用决策法则之前一个很重要的环节是看一看有多少个方案可以选择。部分决策的错误并不在于法则或方法的应用，而在于程序上少了一个方案开发的环节。

于一些小规模的投资决策中。

7.3.3 经济附加值法则

经济附加值(Economic Value Added,EVA),又称经济利润、经济增加值,是一定时期的企业税后营业净利润(NOPAT)与投入资本的资金成本的差额。

经济附加值是基于税后营业净利润和产生这些利润所需资本投入总成本的一种企业绩效财务评价方法。公司每年创造的经济增加值等于税后净营业利润与全部资本成本之间的差额。其中资本成本包括债务资本的成本,也包括股本资本的成本。

经济附加值(EVA)和会计利润有很大的不同。经济附加值(EVA)是公司扣除了包括股权资本成本在内的所有资本成本之后的沉淀利润,而会计利润没有扣除资本成本。股权资本是有成本的,持股人投资A公司的同时也就放弃了该资本投资于其他公司的机会。投资者如果投资与A公司相同风险的其他公司,所应得到的回报就是A公司的股权资本成本。股权资本成本是机会成本,而非会计成本。

EVA衡量指标,帮助管理人员在决策过程中运用两条基本财务原则。

第一条原则,任何公司的财务指标必须是最大限度地增加股东财富。

第二条原则,一个公司的价值取决于投资者对利润是超出还是低于资本成本的预期程度。

经济附加值(EVA)的计算公式:

$$\text{EVA}=\text{税后净营业利润}-(\text{加权平均资本成本}\times\text{投资资本总额})$$

税后净营业利润=营运收入×(1-所得税率)

加权平均资本成本=债务资本成本率×(债务资本市值/总市值)×(1-税率)+股本资本成本率×(股本资本市值/总市值)

7.3.4 内含报酬率法则

内含报酬率也称内部报酬率,是指能够使未来现金流入现值等于未来现金流出现值的贴现率,或者说是使投资方案净现值为零的贴现率。

根据投资的现金流入和现金流出的不同模式,内含报酬率的测算有两种方法:年金插补法和逐次测试法。

应用内含报酬率法进行决策时,对于独立方案,当内含报酬率高于企业的投资必要报酬率时,则可接受该方案,否则就应拒绝该投资方案;对于多个可行的互斥方案进行决策时,应该选择内含报酬率最大的方案。

此前,我们考虑的只是单一的项目,来判断是接受还是拒绝。然而,很多时候,投资人需要从几个可能的方案中选出一个方案,这时候仅从NPV是否为正去判断是不够的。

例如,你可以和你女朋友一起合伙做生意,需要投资1 000元,每年将产生1 100元的增量现金流,持续10年。你也可以自己开一家洗衣店,总成本是1 000元,每年有400元的增量收入,将持续20年。两个项目的资本机会成本都是12%,都将占用你全部时间,只能选择一个。

这是投资规模一样的情况,我们要分别计算每个方案的NPV,然后选择NPV最大的那个项目。

下面考虑这样的投资情况:你会选择回报率为200%的1元的投资,还是回报率为10%的100万元的投资。

当投资规模不一样的时候,我们需要将内含报酬率(IRR)与净现值(NPV)结合起来考察项目的投资价值。

7.3.5　获利指数法则

在有些情况下，不同的投资机会对某一特定资源的需求是不同的，如果资源的供给是固定的，就不能采纳所有可能的投资机会，如果简单地选择 NPV 最高的项目，可能不会是最好的选择。

表 7—1　要求占用仓库空间的可能项目

项目	NPV(10 万元)	占用仓库空间的比例	获利指数
A	100	100	1
B	75	60	1.25
C	75	40	1.875

上例中 A 项目具有最高的 NPV，但是要占用全部的仓库，如果选择这个项目，就是错误的。可以同时选择 B 和 C，它们的 NPV 之和超过了项目 A 的 NPV。

对这个项目，可以直接识别出最优的项目组合，对有些比较复杂的情况，决策者通常使用获利指数寻找最优项目组合。

获利指数＝创造的价值/消耗的资源＝净现值/消耗的资源

获利指数衡量消耗每单位资源所创造的以 NPV 表示的价值的能力。计算出获利指数后，可以在此基础上对项目进行排序。从获利指数最高的项目开始，将全部项目按照获利指数高低，由高到低排列，接受直到资源被消耗完之前的所有项目。在上例中，我们分别计算 A、B、C 三个项目的获利指数，依据获利指数法则，会选择 B 和 C。

下面是在人力资源约束条件下的项目选择例题。

一家网络公司提出开发新型家庭网络路由器的方案。新型网络路由器的期望 NPV 是 1 770万美元，需要 50 名软件工程师参与开发。该公司现有 190 名工程师可用。路由器项目必须与下列其他项目竞争工程师。

表 7—2　要求占有工程师资源的可能项目

项目	NPV(10 万元)	各项目需要的工程师人数
路由器	17.7	50
A	22.7	47
B	8.1	44
C	14	40
D	11.5	61
E	20.6	58
F	12.9	32
合计	107.5	332

我们的目标是用190名工程师创造出最大的NPV。以工程师的人数作为分母，计算每个项目的获利指数，然后基于获利指数对项目排序。

表7—3 不同项目按照获利指数排序

项目	NPV(10万元)	各项目需要的工程师人数	获利指数	需要工程师总人数
A	22.7	47	0.483	47
F	12.9	32	0.403	79
E	20.6	58	0.355	137
路由器	17.7	50	0.354	187
C	14	40	0.350	
D	11.5	61	0.189	
B	8.1	44	0.184	

现在依据获利指数按照从高到低的顺序给这些项目分配劳动资源。最后一栏表示的是接受每个项目后的累计资源耗用，直到所有的资源都用完。要在190名工程师的资源约束内最大化NPV，公司应该选择上表中的前4个项目。在资源约束下，公司被迫放弃另外3个有价值的项目。

总结上述对投资法则的介绍，在投资决策中，投资决策者需要综合比较的因素主要有：

第一，回收期；

第二，回报率(相对回报，包括内含报酬率、获利指数)；

第三，回报总额(绝对回报，主要是指净现值)；

第四，投资规模。

运用上述规则进行决策判断，我们一般需要知道几个变量，才能计算出准确的结果。

第一，投入是多少；

第二，回报是多少以及什么时候取得回报；

第三，资本成本；

第四，可利用资源总量。

本章总结

基本概念

资金成本、时间价值、时间线、现金流、终值、现值、年金、基准利率、隔夜拆借利率、获利指数、净现值、内含报酬率、经济附加值

思考题

(1)资金成本有哪些表达形式？

(2)货币时间价值主要是由什么因素决定的？

(3)如何用时间线刻画现金流？

(4)利率变动对投资决策有何影响？

(5)如何利用 NPV 规则进行决策？

(6)如何利用回收期规则进行决策？

(7)如何利用经济附加值规则进行决策？

(8)如何利用内含报酬率规则进行决策？

(9)如何利用获利指数规则进行决策？

第 8 章

初创项目估值

表 8—1 是一个新企业为了寻找投资人进行的财务预测，该期间所有的现金流都再投资于该企业。你会对这个企业如何估值？

表 8—1　　一个新企业的财务预测数据　　（单位：百元）

年份	1	2	3	4	5	6	7
销售收入	0	850	2 300	6 100	10 700	13 100	13 800
息税前利润	−2 000	−788	−1 925	−975	−325	275	450
资产	3 000	1 000	4 500	3 525	6 200	6 475	8 925

ET 是一家网络课程提供商，它与那些开展趣味教学的老师合作，通过网络教育，让学习更加有趣味。该公司已经开发了一种控制访问权限和收费的方式。相似的成功企业已经以最近一年净收益 12 倍的价格上市。ET 打算融资 600 万元启动该项目，并开展市场推广活动。投资者应当获得的股权份额是多少呢？

ET 公司的财务预期见表 8—2。

表 8—2　　ET 公司的财务预期　　（单位：千元）

年份	1	2	3	4	5
销售收入	0	1 500	8 000	35 000	80 000
开发费用	1 200	800	600	1 500	2 500
营销费用	400	2 000	3 000	7 000	10 000
内容费用	0	150	800	3 500	8 000
传输费用	500	1 800	3 000	5 000	7 000
净收益	−2 100	−3 250	600	8 000	22 500

一家公司的估值其实是一次对自己信仰的挑战。但是很多初创项目表现得却较为随意，

经常以较高的股权份额换取投资。公司估值，特别是对初创项目的估值，不是一门精确的科学。但一些基本方法的恰当运用，对做出合理的选择大有帮助。本章关注的主要问题是：

初创项目估值的特殊性在哪里？

哪些因素影响企业估值？

企业估值主要取决于什么？企业形成的资产是企业估值的主要参照吗？

估值的常用方法有哪些？

8.1　初创项目估值的特殊性

创业者在很多情况下需要面对项目价值评估的问题，包括：确定项目出售价格、确定为合伙协议放弃的股权比例、确定为投资人资本放弃的股权比例、项目兼并等。

在与合作者讨论这些问题时，创业者需要明确交易前估值与交易后估值的不同。谈判之初，投资者会按照惯例询问创业者企业的价值。回答之后，紧接着的问题通常是：这是交易前估值还是交易后估值？交易前估值是指运用某种方法评估的企业投资前的价值；交易后估值是指交易前估值加上股权投资。创业者需要明确两个概念的差异，以保证在沟通过程中，双方是在同一方向行进。

有一个企业如果按照正常的估值方法计算，企业价值大致为 10 万元，但是企业仅以 3.8 万元的价格转手了。原因很简单，老板的夫人催促赶快将企业转手，然后举家迁居到另外一个城市，要不然就要与这个老板分手。所以，商业估值不仅仅包含公司的财务分析，还包括对一些难以量化的主观因素的评估，譬如公司所处发展阶段、经营团队、公司出售原因等。因此，企业估值不是有严格规则的科学，它永远不能脱离具体的环境条件而自动完成。

对初创项目的价值进行合理评估无论是对初创项目、还是对投资人来说都至关重要。从初创项目的角度看，合理的估值有助于引起投资人注意，有助于制定和实施不同类型的股权激励机制；从投资人的角度看，合理的估值是其投资决策的依据，并且影响其实施兼并、收购、出售等后续的投资性经营活动，有时投资人也会出于税务等因素的考虑而进行投资。投资人在考虑是否给初创项目提供财务支持时，通常会依据独立的评估报告来决定是否投资以及投资的规模大小。因此，合理地评估企业价值是投资人、创业者都比较关心的一个现实问题。

初创项目估值面临特殊的情况。一个刚刚开始的创业企业，没有什么固定资产[①]，也没有充足的现金流，这个时候有人要投资，作为新的股东，他投入 20 万元，应该占有多少股权呢？初创项目不能与上市公司相比，上市公司的股票有明确的市场价，用市场价乘以其发行的股票总量，企业价值基本上就可以判定了。但初创项目没有这种便利，甚至初创项目与那些已经发展成熟的企业也没有可比性，因为初创项目存在很大的不确定性，来自于市场、技术、团队等方面的变化对企业价值都会有直接影响。

从投融资的角度看，对企业的估值是双方根据自己的判断及接受能力协商的结果。有的投资人会给自己设定一个投资的下线和上线，譬如下线是 200 万元，上线是 500 万元，价值低于 200 万元的企业被认为是没有潜力的，价值超过 500 万元的被认为是风险太高，两类项目都不会被选择。类似这样的情况表明，企业估值的结果在相当程度上受到投资人偏好的影响。

---

① 即通常所说的轻资产。

创业投资是一个实物期权，双方都会以企业未来的价值作为决策的基点。投资的过程往往是分几轮进行的，每一轮投资观察的是未来一段期间可以实现的价值，前一轮投资带来的企业价值的变化对后一轮投资决策会有重要影响。所以，估值涉及的不仅仅是当前静态的企业价值，还包括未来选择权的价值，所以双方不同的选择方式往往会产生不同的估值判断。每件事物的价值就是购买者愿意为它支付多少。大多数情况下，投资人在谈判中会占据优势。

8.2 估值的决定因素

投资的价值取决于它产生未来现金流的能力，以及投资者对于未来现金流风险的评估和态度。估值的两个方面的特点使得做出创业项目投资决策尤其困难。首先，预期新企业的未来现金流，尽管这是价值的基本决定因素，但是非常困难。其次，用来估计未来现金流现值的恰当折现率也是很难估计的。

公司的估值受到当期和预期现金流的驱动，而不是资产或收入。除此之外，还有一些因素对估值形成的结果带来影响。

(1)谁为公司估值

商业的估值基于你处于谈判桌的哪一方。如果你是创业者，希望公司的价值越高越好，以最少的股权换取投资。如果你是投资者，期待较低的估值，因为你希望投资能够获得最多的权益。

(2)上市公司与非上市公司

两家公司，拥有相同的经营时间，同处一个行业，生产相同的产品和服务，达到相同的收入、利润和增长率。如果其中一家上市交易，是公众公司，而另外一家则是私有企业，那么两家公司的价值会大不相同。公众企业的价值通常比私人企业的要高。因为公众公司相对于私有企业定期向投资者提供可靠的信息，而且相比于私有公司，对公众公司的投资有更高的流动性。

(3)资本的可获得性

资本市场的供给状况对创业融资具有巨大影响。如果创业企业通过银行能比较容易地获得资金支持，企业与投资人谈判的能力就会提高很多。如果银行体系不能为创业者提供相应的服务，投资人便会在估值谈判中占据有利形势。

(4)公司发展阶段

处于越早的发展阶段，公司的价值越低。同一家公司，处于种子期时的价值低于较成熟的阶段。原因是，后期公司风险更低。

(5)出售原因

出售原因直接影响待售公司的价值。出售不是迫于个人或生意的压力时，公司的价值最高。例如，一家因现金短缺而面临破产的公司，价值远低于完全相同却没有财务危机的公司。由于个人原因出售也是一样。如果因为股东之间的纠纷而出售公司，显然会比正常状态下的价格低。

(6)资产状况

无论是有形资产还是无形资产，如果资产仍然有良好的产出能力，对企业价值提升便会有帮助。如果企业资产是老旧的，或者是负面性的(如名誉受损)，企业价值就会打折扣。

(7)产业类型

行业的发展潜力会增加企业价值,近些年互联网行业企业的表现是很好的例证。有些互联网企业的盈利能力并不高,但是投资者却愿意投资。

(8)管理团队的品质

管理团队的品质,主要由团队成员的资历、每位成员的过去经历的成败比率来衡量。一家公司出售时,现在的管理团队希望继续为将来的所有者工作,对该管理团队的评估将会在很大程度上影响公司的价值。拥有丰富经验和良好口碑的管理团队能够为企业带来更大价值。

(9)交易条件

谈判双方可能会利用交易条件方面的灵活性来缓解对项目价值评估上的冲突,例如投资人提供经验或社会影响,对应要求创业团队适当降低对项目交易前的估值。

(10)信息的充分性

如果信息是充分的,估值将会更加顺利,在存在信息不对称的情况下,估值将会比较困难,因为缺少建立交易的信任基础。

8.3　估值方法

8.3.1　乘数法

乘数法又被称为市场法,估值时要挑选与初创项目具有可比性的企业作为参照,用该企业的价值作为估量初创项目价值的标杆。被用来作为参照的企业往往来自同行业,或参照的上市公司,或在估值前一段时期被收购的公司。

定价乘数通俗地讲就是行情,是市场法的另一个关键要素,定价乘数即价格增长的倍数,譬如公司的利润是 10 万元,参照市场行情,未来三年会有 3 倍的增长,那么三年以后公司的价值就是 30 万元,这就是运用定价乘数确定企业价值的基本应用思路。

对于以上市公司为参照标杆进行估值的情况,根据定价乘数计算基础的不同,乘数法估值有如下具体形式。

①市盈率法:用行业平均市盈率(股票价格和每股收益的比率)乘以公司的会计利润,即可得出公司价值的估计值;

②市净率法:用行业平均市净率(每股股价与每股净资产的比率)乘以公司的会计利润,即可得出公司价值的估计值;

③市销率法:股票价格与销售额的比例,即所谓市销率,用市销率乘以会计利润,可得出公司估值;

④市价比现金流法:将某一公司的股票价格与自由现金流或经营现金流相除得到的倍数,即市价比现金流,用这个倍数乘以会计利润可得出公司估值。

对目标公司的基础财务指标运用定价乘数,以估计一家公司的市场参考价值,是市场法的基本思路。但是,由于初创项目有限的经营历史和负利润,大部分的财务指标对估值没有什么意义,在这种情况下,可以用收入代替会计利润来进行计算。

运用市场法对初创项目估值的另外一个难点是选取合适的参考公司。大部分有经营记录的上市公司在收入和资产规模上要比初创项目大得多,而且经营更多样化。初创项目的预测增长水平通常比参考公司高一些，这使得对比更为困难。

以上因素制约了市场法的应用，但是，将初创项目与同行业的上市公司进行对比还是有好处的，同时还可以提供一个潜在的利润增长指标。另外，行业的P/E(价格/利润)乘数在第三方投资者贴现率和回报率预期方面能够提供有用的信息。如果运用适当，与其他估值方法联合使用时，市场法是很有用的。

以上市公司的表现作为参照，对具有一定规模的成长型企业是恰当的，但对于初创项目并不是很适用。现金流乘数法、销售额乘数法、月访问者乘数法更具应用性。

①现金流乘数法

公司的现金流代表可以用于债务和权益支付的资金储备。这些储备资金可用于支付利息或偿还本金，也可以用于分红、股权回购和再投资。公司估值的方法之一就是确定可以负担以上经营活动的可利用现金水平。这个现金水平是通过计算息税、折旧及摊销前盈利——EBITDA(Earnings Before Interest, Taxes, Depreciation, and Amortization)来确定。

$$\text{EBITDA}=\text{净利润}+\text{所得税}+\text{利息}+\text{折旧}+\text{摊销}$$

在这种估值方法中，EBITDA要乘以一个特定的乘数以确定公司的价值。通常来讲，乘数为3～10。乘数的选择不是静止的，而是变动的，众多的原因都可以导致它的变化。作为估值基数的EBITDA是可以调整的。

例：一家公司所处的行业乘数通常为7，这家公司的EBITDA是50万元，估值可以是350万元。但深入分析卖方的财务数据后发现，在相同产业、相同规模的公司里，所有者的薪资是12.5万元，而这个企业的所有者薪资只有5万元。如果买方计划支付符合市价标准的薪资，即12.5万元，那么用EBITDA乘以7可以得到公司的价值为2 975 000元，即(500 000＋50 000－125 000)×7＝2 975 000。之间相差3 500 000－2 975 000＝525 000元，造成18%的高估。

②销售额乘数法

这种方法以销售额为基点再乘以相应的乘数来进行估值，决定乘数时起主要作用的是销售额增长前景和投资者的乐观估计。

这种方法的缺点是忽视了公司盈利是否为正。注意力全集中在销售额上。因此这种方法最适合这样的企业：它们强调增长，愿意购买竞争者获得的市场份额。这种想法是买进客户，依靠自身的经营技能和经历将他们变为现金流的贡献者。这种方法最适合这样的企业实体：他们经验丰富，与待售公司的行业相同。

③月访问者乘数法

这种方法主要是在互联网产业中出现的，企业价值等于用户数乘以乘数。

8.3.2 收入法

收入法通过选择一个合理的资本化率计算预测收益的现值的方式确认未来收益。其基本思路如下：

$$V=C/i.$$

公式中的V是指企业价值，C是未来经济收益，i是资本化率。资本化率可以简单理解为资本投入要求的回报率。经验上的数值是，寻求种子资金的初创项目的资本化率为50%～100%，早期的创业公司的资本成本为40%～60%，晚期的创业公司的资本成本为30%～50%。对比起来，很多有更加成熟的经营记录的公司，资本成本为10%～25%。

收入法是基于公司未来经济表现去估值的，能够体现初创项目的价值，通常是初创项目最基本也是最常用的估值方法。

收入法中的核心概念是自由现金流(Free Cash Flow,FCF),自由现金流是公司营运资金的一部分,这部分资金可用于偿付债务或回报股东。

自由现金流量=(税后净营业利润+折旧及摊销)-(资本支出+营运资本增加)

使用收入法的基本步骤是①:

(1)确定预测期间;

(2)确定预测期内每年的 FCF;

(3)确定贴现率;

(4)计算期间内自由现金流量的现值。

这种方法的缺点是过于理论化,而且充满不确定性。

8.3.3　资产法

资产法是基于置换原则,这个基本的经济原则认为资产的置换成本是资产的公平市场价值。换句话说,一个谨慎的投资者不会支付超过与目标公司同样效用的置换资产的收购成本。这个方法给出了最现实的数据,通常是以初创项目发展所支出的资金为基础。

资产法的不足之处在于假定价值等同于使用的资金,投资者没有考虑与初创项目运营相关的所有无形价值。另外,资产法没有考虑到预测经济收益的价值。所以,对于初创项目,资产法会给出最低的价值。

8.3.4　期权估值法

期权是指未来的选择权,持有者通过付出一定成本而拥有一项在到期日或到期日之前根据具体情况做出具体选择的权利。对初创项目进行投资具有以下性质:

其一,期权性质。投资人对初创项目投资就像购买了一份期权,一旦初创项目成功,将获得巨大收益,而如果初创项目失败,则损失就是投入的风险资本。

其二,投资人虽然向初创项目投入资本而获得初创项目的一定股权,成为初创项目的股东,但投资人的目的却并不是为了拥有初创项目,而是为了在初创项目增值后出售其所占的股权以获得投资收益。

所以,本质上投资人仅将初创项目看成一种商品,相当于以投入资本作为期权费,购买了一份看跌期权,它赋予投资人在未来某个合适的时刻以某一价格出售该商品的权利。很多初创项目的价值实际上是一组选择权的价值,因此在评估一家初创项目的价值时,对其发展前景、人员配置,尤其是其拥有什么样的机会和选择权的分析论证,将是影响评估结果的关键。

期权估值方法评价建立在定性分析基础上,同时该方法还需对存在不确定性的各主要选择权进行定量分析。在实际操作中可将初创项目进行分割,对其多项资产进行期权评估,然后再运用现金流折现法进行估价。

当然,运用期权定价理论进行估值时,也需要注意其局限性,比如,如何确定初创项目究竟拥有哪些现实选择权,如何对现实选择权进行合理定价等。另外,对构成初创项目价值重要因素的管理者管理能力、企业外部环境因素等也很难估算到位。

---

① 此处忽略了残值,如果考虑残值,企业估值=预测期自由现金流现值+残值的现值。

8.3.5 其他方法

在创业投资领域，投资人大多有自己决策的习惯和具有个性的方法，恰如武侠小说中的江湖人士，各有各的办法，有些办法似乎与正统的投资估值理论相去甚远，但却也能自成逻辑，保证决策的合理性。

①500 万元上限法

这种方法要求天使不要投资一个估值超过 500 万元的初创项目。这种方法的好处在于简单明了，同时确定了一个评估的上限。

②多分法

多分法是指在对企业价值进行评估时，将企业的价值分成多个部分，分别估算创业者、管理层、投资者、商业模式等对企业价值有重大影响的各部分的价值，然后加起来即得到企业价值。一个被流传的方法是博克斯法，这种方法是由美国人博克斯首创的、对于初创期的企业进行价值评估的方法，典型做法是对所投企业根据下面的公式来估值：

一个好的创意 100 万元

一个好的盈利模式 100 万元

优秀的管理团队 100 万～200 万元

优秀的董事会 100 万元

巨大的产品前景 100 万元

加起来，一家初创项目的价值为 100 万元～600 万元。

③200 万～500 万元标准法

许多传统的天使投资家投资企业的价值一般为 200 万～500 万元，这是一个经验数据，带有一定的合理性。如果创业者对企业要价低于 200 万元，那么或者是其经验不够丰富，或者企业没有多大发展前景；如果企业要价高于 500 万元，那么由 500 万元上限法可知，天使投资家对其投资不划算。根据这种方法投资人将定价限于 200 万～500 万元，虽然有些过于绝对，但却是控制投资风险的一种简单易行的方法。

④风险投资家专用评估法

这种方法具体操作如下：

第一步，用乘数法估算出企业未来一段时间的价值，如 5 年后价值2 500万元。

第二步，决定你的年投资收益率，算出投资在相应年份的价值。如要求 50%的收益率，投资了 10 万元，5 年后的终值就是 75.9 万元。

第三步，现在用你投资的终值除以企业 5 年后的价值就得到你所应该拥有的企业的股份：75.9÷2 500＝3%。

以上估值方法都假定所有者权益随时可以交易并且很容易变现，但是，初创项目需要估值的普通股并没有上市交易，其交易性方面是存在一定风险的。一旦交易性降低，就产生了额外的投资风险。这种投资风险叫作“流动性风险”。通常，创业者需要因“流动性风险”在价格上进行让步。

8.4　创业企业估值示例[①]

两个创始人个人花费了 20 万美元，经过 1 年时间创立了 A 公司，网站已经上线并运行，并在互联网领域产生了一些小名气。公司的创始人现在需要 100 万美元的天使投资，用于在全国做市场营销、建立并管理博客和其他资源的团队，以及给他们自己开薪水。

这个时候对投资人来说，A 公司值多少钱呢？投资 100 万美元之后，投资人获得公司的股权比例是多少呢？比如，如果双方同意投资前估值为 100 万美元，那么投资后投资人的股权比例为 50%（创始人出让公司的一半，丧失控制权）。或者，假如公司投资前估值为 400 万美元，创始人还能持有非常健康的 80%的股份。

那么对创始人来说，在公司处于早期阶段，他能够用什么方法去争取 400 万美元的估值？

①给所有实物资产确定一个合理的市场价格（资产法）。这是最具体的估值要素，也就是此前提到的资产法。新公司通常没有什么资产，但也要仔细看看，把每样东西都计算进去。A 公司在这一项上也许可以获得 5 万美元的估值。

②给知识产权确定价值。专利和商标的价值是无法证实的，尤其是如果还处于临时阶段的话。A 公司已经为他们一个软件工具的算法申请了专利，这是个好现象，这让他们比其他在此领域的创业者公司领先好几步。投资人通常根据经验，每个申请的专利可以认为价值 100 万美元，创业者可以争取一下。

③所有的主管和员工也增加价值。给所有的专业人员确定一个价值，因为他们的技术、经验和对公司技术的了解都是非常有价值的。在互联网泡沫期间，因为一个全职程序员、工程师或者设计师而增加 100 万美元估值的案例并不少见。A 公司还没有这些专业人员。

④早期的客户和执行中的合同也增加价值。每个客户合同和关系需要转换成钱，即便是那些还在谈判的合同，如能明确对客户的销售预期，也是能够增加企业价值的。经常性的收入是非常有价值的，比如订阅收入，这些收入不必通过重复销售就可获得。这项对 A 公司也暂时没有帮助。

⑤预测的现金流贴现（收入法）。在金融上，收入法是运用资金的时间价值这个概念对公司估值。初创项目适用的贴现率通常变化的区间是 30%～60%[②]，具体根据公司业务的成熟度及财务预测的可信水平。A 公司预测 5 年内能做到收入2 500万美元，即便是 40%的贴现率，公司的净现值也能达到 300 万美元。

⑥利润倍数（市盈率法）。如果公司还处于亏损状态，直接看下一条的成本法。否则，把息、税、折旧摊销前的利润（EBITDA）乘上某个倍数。这个倍数可以来自行业平均，或者根据公司的关键指标评分推导出来。对 A 公司的情况，在此选择 5 倍。

⑦计算核心资产的替代成本（成本法）。成本法是通过计算需要多少成本才能获得公司的核心资产的方法计算公司目前的价值。因为 A 公司经过 1 年时间已经开发了 10 款在线工具和一个不错的网站，其他公司用一个软件团队，要花多少钱才能做出同样质量的工具和网站呢？50 万美元也许是个保守的估计。

---

① 本文来源于“ReachVC 风险投资专家”，原文地址：http://www.reachvc.com/post/1331.html。

② 这不是一个标准，贴现率及其变化在不同地区、不同行业都是不同的。

⑧看看市场规模以及公司所在领域的成长预期。来自分析师的数据显示市场越大、成长预期越高，公司的价值越大。一般来说，对于轻资产的公司，目标市场的规模至少5亿美元，对于需要大量土地、厂房和设备等固定资产的公司，市场规模至少10亿美元。A公司在这一项不做估算。

⑨评估直接竞争对手的数量和进入门槛。竞争性的市场力量通常会对投资人给公司的估值产生很大影响。如果能展示出相对于竞争对手的巨大领先优势，可以得到"先发"优势。在投资圈里，这个因素被称之为"商誉"（同样适用于团队优势、竞争对手少、进入壁垒高等），商誉很容易给公司增加数百万的估值。对于A公司来说，市场并不是新的，但团队是新的，所以商誉基本谈不上。

⑩看看已经获得融资的"可比公司"（市场法）。另外一个流行的估值方法就是寻找类似的、最近获得融资的公司。市场法与房屋评估有些类似，评估机构通过对比相同区域、最近出售的类似房屋的价格来给你的房屋定价。

记住，以上的估值要素中，有些是可以累加的。那么对于A公司这样的初创项目，合理的估值是多少呢？笔者的建议是对于这样的早期公司，根据上述的要素进行推算，估值区间是150万～500万美元。如果是区间的低端，创始人将失去对公司的控制，而太高的数字则显示创始人的傲慢和不现实。

从这个案例可以看出，项目中的价值基因或许很多，但是值得去交易的，或者说能够放在谈判桌上谈的内容并不是所有的点，而是其中最有价值的点。创业团队应该对项目有总体把握，但也要清楚问题的关键在哪里。

本章总结

基本概念

乘数法、定价乘数、现金流乘数法、市盈率法、可用现金水平、收入法、资本化率、自由现金流、资产法、期权

思考题

(1)为什么说初创项目估值不是一门精确的科学？

(2)哪些因素会影响对企业的估值？

(3)如何选择定价乘数？

(4)乘数法的应用受到哪些制约？

(5)使用收入法估值的基本步骤是什么？

(6)为什么说对初创项目投资具有期权的性质？

(7)有哪些方法可以帮助创业者提高对现金流预测的准确性？

第 9 章

练习与综合训练项目

一、练习题

1. 创业投资的“获得回报”是什么意思？是指所有权被出售吗？如果不是，还有什么方式获得回报？

2. 如果创业者有足够的资金投资于项目，那么他还有必要引进外部投资者而从中获益吗？

3. 创业投资人一般会主动参与他们所投资企业的管理。这种主动参与对创业投资人有好处吗？对创业者又如何呢？

4. 假设你是一家企业的创始人，发现你对公司未来的预期比投资人的预期要乐观很多。而且你相信你的乐观预期是很合理的，那么你会如何设计融资合约使创业投资人更愿意投资你的项目？

5. 创业者会限制最初外部投资者的资金额度，以及给投资者放弃项目的期权，你如何理解这些措施会对创业者有利？

6. 未来更大的不确定性会增加实物期权在项目估值中的重要性，对此你如何理解？

7. 与股东价值最大化目标相比，创业者价值最大化的目标会导致不同的决策，为什么？

8. 尽管新企业失败的比例很高，但是大多数创业者都相信他们会成功。事实上，有证据显示创业者倾向于过于乐观地估计企业的未来。作为一个可能的创业者，你会如何做以确保对成功的预期是合理的？

9. 简要描述一个使你感兴趣的创业机会。

(1)在你确定发展战略之前，你需要做哪些事情？

(2)你将采取什么战略来发展这个机会？

(3)你会选择什么融资方式？

(4)是否有其他发展战略？

10. 上网查找一些创业投资公司和天使投资机构的网站，基于你的搜索结果，这两类投资者的投资特点是什么？

11. 在有些领域，如教育和医疗，营利性和非营利性企业相互竞争。你认为非营利性企业的意义是什么？为什么非营利性组织也积极地拓展业务？如果一个创业者要选择其中一种组织形式，你认为选择时要考虑什么因素？

12. 在考虑总体风险和风险分配时，有限责任意味着什么？如果企业的股权投资者是有限责任，那么企业倒闭会如何影响股权投资者、贷款者、员工、供应商和客户？你认为股权投资者的有限责任会对其他股东有重要影响吗？为什么？

13. 下表包含一家新企业的财务数据。这家企业是生产用激光技术精确测量距离的便携式设备的企业。表格中的时间间隔是 6 个月。如何评价这个企业的增长性？

单位：百元

月	6	12	18	24	30	36	42	48	54	60
收入	0	0	100	500	1 000	2 500	5 000	10 000	12 000	15 000
利润	−200	−300	−500	−200	100	300	700	2 000	2 500	3 000
现金流	−1 000	−500	−2 000	−1 000	−500	−100	300	1 000	2 000	3 000

14. 一家生物科技企业在寻找 500 万元的融资，帮助它进入下一个阶段。这个企业有一个设备的原型，设备可以利用超声波粉碎肾结石。500 万元是用来完成政府部门需要的测试。一个投资者可以提供资金，条件是获得 200 万股普通股和 1.8 万股优先股，优先股可以 1∶1 转换为普通股，或者接受 150 万股的可转换优先股加上一个能够以名义价格购买 150 万新股的权证。权证执行条件是：企业在投资两年后没有达到预定的利润水平。计算每种情况下的融资前和融资后的企业价值。如果你是创业者，你在决定接受哪种方式时会考虑哪些因素？如果你是投资者，你如何理解创业者的选择？

15. 在一个度假村的上一轮融资中，一个投资者投资了 200 万元，获得 100 万股普通股。创业者拥有 200 万股普通股。因为大量建设费用超支和延迟，投资后的度假村运营不理想，企业需要另外 100 万元用来完成开发。然而，现有的投资协议包括棘轮条款，它规定投资者可以获得足够的新股，使得投资者每股的平均成本和任何新的投资者的成本一样。

(1)假设没有棘轮条款，新投资者愿意投入 100 万元换取 125 万普通股。计算融资后的企业价值。

(2)基于(1)中的估值，考虑棘轮条款的效应，那么新投资者愿意支付的每股价格是多少？原投资者将获得多少新股？

(3)假设棘轮条款有个限制，使原投资者的平均成本不低于每股 1 元，那么这个限制会如何影响新投资者愿意支付的价格，以及原有投资者可获得的新股的数量？

(4)在上面三种情况下，创业者最终能保留的股权比例各是多少？

16. 在网上或平面媒体找出一种有可能投入市场的发明。

(1)简要描述产品。

(2)作为一个潜在投资者，确定四个阶段性目标，用来分阶段进行投资和评估企业发展。

(3)你会为新产品选择哪种融资方式？

17. H 公司是一家软件开发商，正在考虑和投资者进行一笔融资交易。投资者和 H 公司同意以 200 万元投资换取公司 200 万普通股。融资后的价值是1 000万元。H 公司开发了一款很有前途的游戏软件，但是大多数游戏平台的封闭结构阻碍了这款游戏的推广。如果游戏平台开放，且对这款软件有兴趣，那么 H 公司需要更多资金继续软件开发流程。

(1)在投资协议中设计一个棘轮条款,保护投资者避免以后融资造成的股权稀释。

(2)这种反稀释条款直接和间接成本各是多少?

18. 为什么可转换优先股在创业者和投资人之间的交易中如此普遍?为什么不用普通股?为什么不用可转换债权?

19.“每个新企业都是产业的一个实验,有一系列的假设作为前提。实验的设计必须确保假设可以被检验。”这句话对新企业有什么意义?你同意它的观点吗?

20.“花很多精力准备商业计划是愚蠢的,因为每个人都明白计划书中的财务预测和实际发生几乎没有任何关系。”你如何理解这句话?

21. 根据商业计划,企业的收入预期在运营的前 12 个月达到 150 万元,企业在年终可以达到盈亏平衡。作为可能的投资者,如果以下情形发生,你会如何决定投资,投资条款会如何改变?

(1)实际中,年终企业没有实现预期的收入。

(2)实际中,企业收入达到 400 万美元,净利润 80 万美元。

(3)实际中,收入和利润率几乎和预期的一样。

22.“我们经营的环境变化如此迅速、如此不可预测,以致我们不能花时间去准备商业计划。”你如何理解这句话?

23. 你在考虑投资一家新企业,新企业有一项生产 DVD 光盘的专利技术,创业者认为这项技术比现在的技术有明显的成本优势。你主要的担心是创业者对企业的成功可能性过于乐观,因此,他不愿意放弃太多的股权。你大体上同意创业者在计划书中预测的 DVD 市场的增长速度,但是你担心创业者高估了企业专利技术可以获得的市场份额和节省的成本。这时,你会如何构造和创业者的融资协议,使得当预测的市场份额和成本优势是正确时,创业者将保留他想要的所有权份额,而当没有达到预期目标时,创业者的股份就要减少?你设计的结构虽然可以避免技术上的风险,但要承担市场不确定性的风险。

24. 创业者在分别寻找债务融资和股权融资时,商业计划的内容有什么区别?

25. 搜集借款人和银行之间的债务合约,了解一些常用条款。将限制借款人未来融资的条款列出来。

26. 创业者在考虑投资一家餐馆。餐馆的潜在需求存在三种可能,分别为高、中、低,高需求的概率是 30%,中等需求的概率是 50%,低需求的概率是 20%。根据预期的需求水平,创业者考虑分别建造大餐馆、小餐馆或暂时不进入这个市场。大餐馆的建设成本是 75 万元,小餐馆的建设成本是 60 万元。创业者可以投资 40 万元,并计划引入外部投资者满足资金需要。投资者要求每投资 1 万元,就获得 1%的股权。那么,如果建造大餐馆,投资者获得 35%的股权;如果建造小餐馆,投资者要获得 20%的股权。在高需求状态下,开设大餐馆的未来现金流现值是 150 万元,小餐馆的未来现金流现值是 80 万元。如果是中等需求,大餐馆和小餐馆未来现金流现值都是 80 万元。如果是低需求状态,大餐馆的现值是 30 万元,小餐馆的现值是 40 万元。

(1)请画出决策树,反映创业者必须考虑的决策结构,并判断哪一种方案更合适。

(2)推迟投资可能给创业者带来什么?

27. 想想你目前处境的一个方面(可能和你的职业、学历或生活有关)。

(1)若你要前进,不得不做出什么最终决策?

(2)试着用决策树模型描述战略方案。

(3)在这些方案中,反映了什么实物期权?

(4)决策树的不同单元可以用幸福、效益、人民币这些术语来描述,尝试在 EXCEL 电子表格中建立模型,模拟你的决策结果。

28. 一个新企业预期可获得资本投入 250 万元及初始营运资金 20 万元,该资本投入可在五年内直线折旧。预计第一年的企业销售额为 80 万元,第二年销售额为第一年的 3 倍,第三年销售额为第二年的 2 倍,第四年销售额在第三年基础上增长了 50%;前 5 年不需要额外资本投入,毛利率为 60%,除折旧外的经营费用为 50 万元加上销售额的 15%;企业所得税税率为 35%。基于以上行业值及预期销售增长率,企业预期:期末现金为销售额的 5%,期末应付账款等于年销售额的 30%,期末应付账款等于主营业务成本的 10%。

(1)使用电子表格,假设没有债务融资,编制该企业每年净利润、现金流及期末资产负债表。

(2)比较企业的净利润和年现金流,资本密集度、盈利能力、销售增长率和现金流如何影响企业的资金需求?

(3)使用上题表格,在其他假设不变的情况下,检查一下假设变化如何影响净利润和现金流:

①每年销售增长只有预期值的一半。

②毛利和销售收入的比例为 40%。

③存货是期末销售额的 30%。

④初始资本投入是 400 万元。

29. 思考一种你感兴趣的产品,这是即将成立企业的基础。企业成功取决于哪些关键假设(例如市场规模、销售增长率等)?

(1)查阅可比企业的财务数据,例如上市公司发布的数据。

(2)对比这些数据,校验你自己的假设。

30. 净利润盈亏平衡点和现金流盈亏平衡点之间有什么区别?什么因素会使两者接近?什么因素会使两者变得不同?

31. Li 正在考虑使用部分邮购业务产生的现金开办一个零售店。预计商店的固定投资额是 350 万元,该投资 5 年折旧完毕。之后,每年支出 30 万元维持设施。预计净营运资本投资需求等于年销售额的 25%;估计可变成本等于销售额的 35%。

(1)如果除折旧外的年总固定成本为 60 万元,前 5 年的现金流盈亏平衡点是多少?第 5 年呢?和净利润盈亏平衡点相比,现金流盈亏平衡点表现如何?

(2)假设 Li 预计第 1 年的销售额为 100 万元,第 2 年为 400 万元,第 2 年后为 180 万元,需要投资多少才能拿下这个项目?预计经营前 6 年每年企业能产生多少现金剩余?

32. 你在考虑投资一个新企业。根据创业者的商业计划,如果项目成功,期望现金流是:

第一年	0 元
第二年	200 000 元
第三年	2 000 000 元
第四年	8 000 000 元

第 4 年的现金流包括将企业卖给第三方的现金流。在尽职调查后,你认为,如果企业成功,创业者预测的现金流是合理的。创业者需要 100 万元的种子资本来创办企业。在最初投资后,如果能够成功,这个企业将自给自足。

用种子期和创建期的50%～100%的最低预期资本收益率，估计企业的现值，以及为了收回投资，你需要占多少股份。同时，计算最低预期资本收益率是多少时，拥有这家企业100%的股权是一个净现值为零的项目。

33. G公司是一家通过网络向青少年出售流行服饰的公司。这家公司的投资人现在想收获他们的投资。在和一位投资银行家详谈后，他们相信G交易前估值为8 000万美元。该投资银行家推荐IPO，这可以为公司带来1 200万美元的资本收益。他试图将发行价格定为市场期望值的85%，并收取90万美元的佣金。除此之外，G会产生40万美元的直接成本。

(1)假设企业有200万流通股，每股交易前估值为多少？

(2)每股上市后估值为多少？

(3)IPO中企业将发行多少股票？

(4)发行总成本是多少？占融资额的百分比是多少？

(5)总发行费用占发行后权差市值的百分比是多少？

34. 讨论以下公司在融资选择方面的不同，并解释原因。

(1)早期研发型企业和已产生利润的成熟企业

(2)利润快速增长、需要扩张营运资本的创业企业和利润按通货膨胀率增长的企业

(3)利润率高的成长型企业和以相同速率成长但未盈利的企业

(4)C型公司和S型公司

(5)具有成功创办新企业经验的创业者创办的企业和无创业经验的创业者创办的企业

(6)需大量投资有形资产的创业企业和全为无形资产的创业企业

35. 选择一个你希望拥有自己的企业的行业(区域市场)，收集如下数据：

(1)企业是否需要固定的经营场地？如果需要，面积一般多大？租金是多少？

(2)企业经营需要哪些设备？设备方面的投入是多少？设备的维护成本是多少？

(3)行业的平均工资水平是多少？

(4)企业的变动成本是如何构成的？

(5)商品或服务的价格是多少？毛利率处于什么水平？

(6)企业从开始经营到实现盈亏平衡一般需要多长时间？

(7)为了保证企业正常经营，每个月需要保有的最低现金是多少？

(8)经营是否存在季节性？

36. Tang已经开发出了一种猫科食物。这种食物不仅是最挑剔的猫科动物非常喜欢吃的食物，而且它还是一种经过特别的配方设计的食物，目的在于防止老年猫出现一些健康方面的问题。Tang一直在他的厨房里配置这种食物，并且按照每箱250元的价格仅仅出售给那些同样也是猫爱好者的关系非常密切的熟人。Tang的一个朋友向他提议，如果他开始通过网站销售这种食品，他就向Tang的企业投资。但是该投资者希望Tang编制出一份经营期前六个月的预算表。

Tang根据他迄今为止所积累的经验预测出了销售猫食的箱数，如下所示：

11月	12月	1月	2月	3月	4月	5月	6月	7月	8月
4 300	4 600	5 000	5 500	6 100	6 800	7 000	7 200	7 400	7 500

每一箱猫科食物需要5斤重的优质羊肉，10斤重的小粒中国大米，2斤重的野生阿拉斯加

鲑鱼，1 斤重的配方保密的维生素和营养品。Tang 计划按照下个月度预计销售量的 10%保持月末存货，以便满足预计的销售增长的需求。所有的原料的存货要保持在下个月生产需求的 5%的水平，但是任何一种原料的库存量都不超过1 000斤。一月份开始时所有的存货都保持在预计的水平。

Tang 已经获得了下一年度商品的价目表，如下所示：

羊肉	15 元/斤
大米	1.2 元/斤
鲑鱼	24 元/斤
维生素	45 元/斤

生产过程需要两种不同技能水平的直接人工。(1)原材料准备，每小时 18 元；(2)烹调和装罐，每小时 24 元。有两名工人愿意为他工作，如果没有足够的需求让他们全职工作，他们愿意每天只工作半天。加工一批产品需要一个小时。由于需要有准备时间和清理时间，所以每天只能生产六批产品。每一批生产的产品足够装满 100 箱。制造费用是每月6 000元的固定费用加上每箱 15 元的费用。

(1)编制如下预算

销售预算、生产预算、直接材料采购预算、直接人工预算

(2)对该企业的生存能力以及投资者投入50 000元创办该企业的合理性做出评价

37. 对你所在区域的银行进行调研，了解银行能够为小微企业提供的融资服务项目，将你收集的情况绘制成图表，比较不同银行的服务。

38. 了解你所在区域的银行能够提供哪些种类的结算服务，每种结算服务方式的适用条件是什么，每种结算方式的时间是多少，对于小企业，哪种方式更适合？

写出一份调查报告并将其介绍给全班同学。

39. B 拖车公司请你为它提供帮助。在过去的四个月中，它已经给供应商开了几张支票，但是由于存款不足都被银行拒付而退回了。现在，他的主要供应商 A 铝材公司已经停止为他提供赊销。

A 公司的销售经理说：我们真的不能再接受你的支票了，每一次支票被退回以后，至少都要花费我们 100 元的处理费用，今后你们采购时只能支付现金或者带银行本票。

B 公司的负责人无法理解为什么他的支票总会被退回。因为公司有大量的销售收入，公司的会计师也保证现金余额从来没有变成过负数。

为了理解 B 所面临的问题，你已经搜集了下面一些信息：

(1)现金收入占总收入的 10%；

(2)信用卡销售占总收入的 10%，并且在销售完成后下一周收回款项。信用卡提供者要扣除每笔信用卡销售总金额的 2.5%。

(3)赊销收入占全部销售收入的 80%。对代理商的全部销售都是赊销收入。为交易商提供的付款条件是“30－30－30”，即在完成销售之后的三个月里，每月支付 1/3 的款项。如果在款项到期月份的第十天仍然没有收到付款，则被看作是没有按时付款。

(4)以铝材为主要的材料费在生产成本中占 60%。在供应商未取消赊销条件之前，B 采购时付款 30%，其余款项在 30 天之内付清。现在，它必须用现金采购。

(5)直接人工占生产总成本的15%。每星期五向工人支付前一周工作的工资。预扣税款也在每个星期五支付。

(6)所有其他费用都被作为固定费用处理,每年总额是100万元。

(7)B租用厂房和设备,没有折旧费用。

(8)当年销售额最初预计是2 450 000元,但考虑目前销售势头好,预计销售可达到5 000 000元。

(9)当年前四个月的销售额为:

1月	208 000元
2月	261 000元
3月	293 000元
4月	328 000元

请问:是什么原因导致B企业的现金周转出现问题?编制一份计划来说明问题。

40. Li是一所医科大学的研究人员,他研究出一种药物可以解决体重超重的问题。据调查,目前超重的人口规模占总人口的1/3。如果这种药物有效,那么每年的销售额很容易超过10亿元。

然而,为了完成相关实验需要2 000万元的投资。同时需要一年的时间完成对动物的实验,需要两年的时间完成对人类的实验。根据业内经验,如果第一阶段实验成功的话,企业将会有3亿元的市场价值。如果第一阶段实验成功,那么还需要3 000万元完成第二阶段的实验。第二阶段的实验如果成功并得到国家批准,那么企业将会有大约10亿元的市场价值。

Li目前有250 000元的存款和投资,他愿意将这些资金投资于企业。他还有一处房产,可以抵押400 000元的资金。他的妻子表示愿意支持他的创业,分担他对家庭的顾虑。

Li已经与两家创业孵化器取得联系,它们并没有资金投入,但是可以帮助Li寻找天使投资者。

Li必须从如下三个方案中选择一个方案,以便为他新创办的企业筹集资金。

方案(1):一个在国际贸易行业发了大财的投资者愿意为新企业投资。他将提供2 000万元的资金。其中,1 000万元将会是15%利率的贷款。其余的部分将会是权益投资。Li将不得不为这项投资而放弃他企业40%的所有权。这个投资者要求该公司在完成第一阶段实验后必须完成IPO的过程。在完成IPO后,Li将保留30%的所有权,而这个投资者将保留20%的所有权。出售给公众的50%的所有权应该能够为公司筹集大约1.5亿元的资金。

方案(2):争取政府创新项目资助,基本可以保证能拿到500万元的资金。Li将拿出250 000元的储蓄和120 000元的贷款。当地一个风险投资人愿意用1 500万元换取30%的股权。届时将有足够的资本用于完成对第一阶段的实验。第二阶段的实验则不得不通过其他渠道来解决。

方案(3):当地一家投资机构将投入4 000万元。这笔资金分阶段支付:马上支付500万元,当对动物的实验成功完成后支付1 500万元,第一阶段人体实验完成后支付2 000万元。在4 000万元中,1 000万元是利息为12%的贷款,其余的换取60%的股权。风险投资机构将选出董事会主席及首席财务官。Li如果担任首席执行官,将可以获得150 000元的年薪。如果所研制的药物能获得批准,那么将进行IPO。IPO后Li将保留10%的所有权。

请为Li的选择提供建议。

41. 管理你的婚姻,比管理一家企业更需要智慧,这是一门学问,可以称之为"荷尔蒙经济学”。

李敖的一句名言“前妻是最可怕的敌人”，这句话可能过于夸张，而且有歧视女性的倾向。不过在商业上，离婚的确比竞争对手更让公司高管、股东头疼。

万科的王石、疯狂英语的李阳、真功夫的蔡达标、赶集网的杨浩然、土豆网的王微等的个人婚姻轨迹的选择都与公司的发展有很多的交叉点。而普遍的看法是离婚对公司产生了破坏力，在有些企业表现得还相当明显，譬如延缓了公司上市的进程、公司被收购等。

对于企业来说，离婚是一种很高的财务风险，根据婚姻法，如果没有约定，离婚时女方享有一半的权利，这就可能引发公司股权结构的变化。

解决问题的办法是根据婚姻法的规定：夫妻可以约定婚姻关系存续期间所得的财产以及婚前财产归各自所有或部分各自所有。所以，签订婚前协议，明确离婚时财产的分配、股权收益的分配，这样一来，对公司的影响就会大大降低。例如台湾郭台铭娶了曾馨莹为妻，同时与之签订财产协议，约定离婚时郭台铭名下股权不进行分割，因此也不会影响鸿海公司的股价和未来的经营发展。

请通过互联网搜集因离婚事件影响公司发展的案例，总结创业者及创业公司应该通过什么方式来减少此类事件的影响。

42. 登录网站“点名时间”，网址是 www.demohour.com，如果要通过这个网站募集资金，需要通过什么流程？如果要向其中一个项目投资，需要什么流程？浏览这些项目，看看是否有自己感兴趣的。

43. 大航海时代的西班牙从新大陆攫取了大量贵金属，但垄断于王室贵族手中的财富从未向下流动，去激励西班牙社会的物质生产机制。相比之下，英格兰则在获取巨大外来财富的同时，进行了一系列社会与生产结构调整。在英格兰，无论男性和女性都有机会支配更大的财富，并且使得个体无须依赖“集体”或“家族”都能实现个人的成功。这一切使得英格兰在西班牙沦为二流国家以后成为世界生产当之无愧的垄断者。

历史发展的规律在商业领域有类似的体现。搜集企业成长的相关案例，留意那些长久不衰的企业和那些经历繁荣之后便消亡的企业，总结企业财富配置结构与企业创业能力的关系，说明什么样的企业财富安排方式更有助于保持企业长期的创业能力。

二、现场案例研究项目[①]

1. 现场案例的意义

现场案例是有着真实问题的真实企业，不同于我们通常在其他管理学课程中通过阅读来做的案例。参与现场案例研究的团队能对企业产生一些实际的影响，而不是只在评论成文案例中的问题，完全不了解这些问题可能会对企业产生什么影响。

当你做到以下几点时，现场案例能够有助于磨炼你的管理技能。

(1)识别一个企业所面对的问题，或者帮助一个企业发现新的机遇。

(2)考虑实际需要完成什么。这涉及探寻企业中的主要人物(例如，创办人、主要负责人或经理、某个雇员、某个客户)，通过他们自己的眼光所看到的企业的前景。

(3)确定你需要什么信息才能解决所存在的问题或抓住机会，并确定怎样解释你所收集的信息。

---

① 本项目方案选自季洛姆·A.卡茨和理查德·P.格林的《小企业创业管理》。

(4)准备并展示你为客户的企业进行咨询的成果,并帮助制订一个实施你的建议的计划。

2. 为咨询项目做准备

现场案例的五个典型步骤是:评估、会见客户、实施项目、编写最终报告和完成咨询项目。

(1)第一阶段:评估

在评估阶段,学生顾问或咨询团队将会收集客户企业的相关信息、客户企业所处的总体环境和行业环境的资料以及项目自身性质的信息。团队成员要会见客户,并确定客户的需求以及所提议的项目的范围。其结果是确定项目的"交付产品",即拟提交给客户的成果。在你会见客户之前,尽可能多地确定关于你的客户的信息。

l 客户为什么需要评估?

收集你能得到的关于客户企业及其历史和业绩方面的任何信息。通常团队顾问会有与客户相关的最初资料,包括商业计划、市场调研、宣传册和财务资料。就像一名医生在走进检查室之前会先检查病人的病历和症状一样,应该检查已经了解的客户企业和需求以便能够提供帮助。

l 对客户企业的外部环境进行调研

即使项目定义得相当精细,也不要忽略调研这一步。不了解客户的总体业务环境,就可能会提出一些既无实际意义又无用处的建议。你需要了解的关键领域包括:

①该行业将自己看作是正在增长的、稳定的还是正在衰退的行业;

②该行业或其中的企业是否面临法律或政治问题;

③社会问题,例如人口老龄化问题;

④技术问题,例如网络销售如何取代了仓库销售。

l 确定并检验客户企业所属的行业

首先提出这样的问题:"客户实际经营的是什么业务?"不应只按照客户提供的产品或服务来定义它的业务,而应该按照企业为客户提供的经历来确定。例如,一些饭店,与其说它们属于饮食行业,倒不如说它们属于娱乐行业。

行业是指生产那些本质上类似、目的在于满足一种共同确定的需求的一组企业。作为咨询项目的一部分,要分析影响客户企业的具体产品和市场因素。根据企业性质的不同,如果企业出口产品或在线销售,那么你可能会进行一项横跨当地(附近地区)企业的国际性公司的竞争性分析。如果可能的话,在第一次会面之前利用你所在地区的图书馆中的资源进行一次初步分析,这是向客户表明你正试着理解他们的企业,而且你已经获得了能够对他们有所帮助的信息的一种很好的方法。掌握一些与客户或其所在行业有关的有效信息可以提升你的自信心,并且可以奠定与客户进行有意义的讨论的基础。

(2)第二阶段:会见客户

当学生顾问或咨询团队通过间接途径收集到了客户企业信息并且完成了初步分析,就到了与该客户见面并开始现场咨询过程的时候了。

顾问团队需要给客户提供一份现场工作计划的简介,内容包括:一份关于现场工作计划和流程的描述、对客户支持团队的期望、关于预计的期限和项目管理的信息以及与项目管理有关的程序方面的事项。

穿着要正式,因为你的形象将会设定项目的基调。团队需要明确一个团队领导,以便与客户保持更有效的沟通。

l 确定咨询项目的目的和交付的产品

在与客户见面之后，下一个任务是确定咨询项目的确切的目的。考虑一下客户正在搜寻什么信息以及客户想要得到什么结果，例如信息、建议或支持等。

项目可能有几个步骤，而且它们之间具有逻辑上的连续性。为了管理你的时间，需要把项目按优先顺序排序。客户的需要与可以利用的时间以及你个人的技能的相符程度如何，将决定项目是否能成功。

对项目目的所做的说明包含三个部分：

①目标：你打算做什么及为什么要做？

②方法：你打算怎样去做？

③交付的产品：你将交付给客户的产品是什么？

咨询团队需要签订保密协议，并交给客户，以保证双方开展项目的过程中所说的话保留在与项目有关的范围内。

(3)第三阶段：实施项目

l 确定目标和责任

一旦开始实施项目，那么提出一个详细地说明时间期限和分派责任的目标是很有好处的。

①目标应尽可能具体。一个总体目标，例如“做市场调研”并不具体。“通过电话对确定范围内至少50名潜在客户进行调查，以确定这些个体是否了解这家公司，客户在做出购买决策的时候使用的信息类型，以及客户对一个特定公司的产品或服务做出决定的时候追求的特性。”这是一个更加详细和清晰的目标。

②每个团队成员应该参与确定和分配目标的过程。给每个团队成员的分工需要考虑其专业特长。

③项目的目标应该有一个时间期限，并且应该是现实的和可以达到的。

④制订一个项目管理表，列出所有的步骤、时间期限和责任人。

在执行项目的过程中，记得要定期与客户进行交流，包括项目出现问题或难题时通知客户。

l 收集适合的、高质量的信息

在最初设计之后，随后的调研应缩小在你需要的确切的数据范围之内。可以选择的收集信息的方法、渠道有很多，问卷、访谈、登录专业网站等是常用的方式。

在收集信息时需要注意侵权问题，例如在商场中调研，需要得到对方的许可。

(4)第四阶段：编写最终报告

拟提交给客户的咨询报告应该达到以下标准：

①报告要满足在现场调查开始时确定的且学生和客户都达成一致意见的客户的需求。

②清楚地说明你的工作已经使客户的业务产生哪些变化(例如利润率、提高的市场知名度、投资报酬率、成本降低等)。

③报告应以充分的事实为依据写成，表达要有逻辑性和连贯性，还要使用客户能够理解的语言。它看起来应该很专业，而且没有语法错误。

④建议应该包括几种不同的选择以及可以采取的备选行动方案。给出一系列的行动步骤，包括时间期限、对人员和其他资源的要求，以及在学生和客户之间达成一致的意见。为实施你的建议的客户提供所需要的任何知识和指导，或者为他们提供一个指导人员。

⑤将从外部获得的支持性证据包括在内，在参考文献中列出所引用的全部著作。

最终的报告应该包括如下内容：

①一封能够表达对客户与学生团队一起工作的谢意的感谢信。

②封面,包括客户、企业的名称和学生的姓名。

③执行摘要,包括报告的关键想法。它应该包括对项目所做的简要说明、所利用的方法的概述、团队研究得出的关键结论和结果的总结,以及团队期望提供给客户的关键建议。这个摘要的内容不应超过三页。

④目录。

⑤对项目的目的所做的说明。这确定了企业的问题。

⑥客户组织的简要历史和背景信息。

⑦对团队使用的方法和所做的分析的详细描述。

⑧结论和结果:提出数据,通过调研所发现的事实和按客户的要求所实施的行为。

⑨讨论团队得出的结论:从项目的各个部分提取信息并提出对客户有重大意义的新结论。这部分中应该列出客户可采取的备选的行动方案。

⑩建议:对提议的行动方案和客户用来实施建议的具体方法的详细描述。

参考文献:完整地列出你在实施项目中所使用的全部信息资源。

附录:演示、图形、表格和其他解释报告中的要点的支持性材料。

一封通知收到报告并对报告做出描述的客户来信。

最终咨询报告和提交给客户的东西是"交付的产品",它们可以反映出在执行项目过程中你的精力主要集中在什么地方。你的报告和提出的建议主要为客户回答了下列问题:通过研究掌握了什么?你可以为客户提供哪些能够使他提升业绩的新信息?你建议客户应该做些什么来改进其经营业务?在向客户提交结论之前,你甚至可以问一问自己:"我在这次研究中发现了什么?"

(5)第五阶段:完成咨询项目

l　客户对现场调查的评估

虽然在向客户提交最终报告并给出结论之后,咨询活动的主要部分已经完成,但是咨询过程还没有结束。通常有一种正式的允许客户评估项目和学生顾问的业绩的机制。

这种评估包括一张评分表、一个叙述性的描述项目优势和弱点的概述、与顾问团队进行的口头讨论,或者这些方法的组合。

你会收到客户的反馈信息,这会有助于你了解自己的工作在多大程度上帮助了客户,而且这种信息对学生提升专业能力非常有帮助。

l　与客户的持续沟通

顾问团队提出的建议也许并不能马上实施,期间保持同客户的沟通,有助于双方共同巩固项目取得的成果。

3. 道德要求

为企业提供咨询的团队应该坚持最高层次的道德标准,以代表你所在的大学。学生顾问不应该有以下行为:

(1)对与客户企业保持业务联系的公司保持既定的兴趣。

(2)接受客户的私人礼物或赠品。

(3)在咨询期间,接受客户企业的雇佣或报酬。

(4)亲自为由直系亲属拥有或管理的企业提供咨询。

(5)在客户没有签订放弃保密协议的情况下与他人分享客户的资料。

(6)对任何潜在的客户实行有偏见的案例选择程序。

4. 本项目对学习者的作用

贝勒大学有一个名为“企业卓越奖学金团队”(BEST)的计划。以下是贝勒商学院管理和企业家系的系主任 Kendall Artz 的说法:

“咨询项目对学生来说是一个独特的机会,使他们能够对所学到的理论知识进行训练并用其来解决真实世界中的问题。因为我们在课堂上所讲的东西并不总是能够应用到你自己能够参与的情况中,因此使他们能够看到这些真的是极有价值的。”

5. 咨询协议范文

*** 咨询项目合同

客户:(客户名称) 项目:(项目标题)

有关事项:咨询合同

一、目标

本项目的主要目标是为(客户名称)制订一份全面的商业计划。这份商业计划的重点将会放在企业和行业而非具体的财务预测上。通过进行全面调研,学生咨询团队(团队名称)还将实现下列目标:

(1)定义企业的使命和目标。

(2)确定客户和潜在客户。

(3)确定企业的优势、劣势、机会和威胁。

二、方法

学生咨询团队将在下列范围内进行研究:行业、产品分析、市场调研、营销、经营方式和财务。

商业计划研究将会集中于以下几个方面:

(1)人员:这部分将包括企业家团队的每个成员的简要的传记。

(2)机会:有关企业、行业分析、行业内的机会以及企业怎样计划利用这些机会的大纲。

(3)背景:团队将会对市场进行整体研究,包括宏观问题和行业规章。

(4)风险/报酬:虽然几乎不会强调这部分,但是团队也会对此做一份简要的分析。

三、交付的产品

学生咨询团队将为(客户名称)提供以下成果:

(1)一份全面的商业计划,通过确定(客户名称)的未来方向和战略使其业务更加集中。

(2)一份最终报告和包含以下一些研究目标的提交文件:

l 涉及(客户名称)企业家团队的人员的简要介绍。

l 企业的机会——关于业务的描述。

l 外部环境、行业和行业内与(客户名称)有关的机会的背景信息。

l 关于市场及其规则的调研结果。

l 风险/报酬:简要的并且是有限的企业财务预测。

l 结论和建议。

四、预计的时间表

阶段	期限
合同批准	1月19日,星期三

续表

阶段	期限
背景分析	1月20日,星期四——2月3日,星期四
机会分析	2月3日,星期四——2月17日,星期四
人员和风险/报酬	2月17日,星期四——2月29日,星期二
总结	2月29日,星期二——3月7日,星期二

6. 保密协议范文

鉴于(客户)为了确定开发、生产、销售和/或合资经营的利益,同意向(顾问团队),提供有关创意、发明或产品特定的机密信息。

鉴于(顾问团队)同意仅出于上述目的浏览、考察、检查或获得这些机密信息,或根据本合同条款以其他方式持有此类信息。

双方应明白,(客户名称)已经或者将会为学生咨询团队提供某些机密信息,也可能需要在下列情况下进一步允许学生咨询团队有权讨论或访问(客户名称)的代表:

(1)学生咨询团队同意以托管和秘密的方式持有机密或专利权信息或商业秘密,并同意只将其用于预期的目的,不用于任何其他目的或泄露给第三方。

(2)未经(客户名称)允许,不得制作并保留任何书面信息和样品的拷贝。

(3)在任何讨论结束时,或经(客户名称)要求,所有的机密信息,包括样品、书面记录、照片、草图、模型、备忘录或记录的笔记都应该归还给(客户名称)。

(4)除非同意执行本协议和受到本协议条款的约束,并经(客户名称)认可,否则机密信息不应该泄露给任何员工、顾客或第三方。

我已经阅读了本咨询合同和保密协议的条款和条件。我同意并认可上述的具体要求和其中的条件。在此,我同意(客户名称)的学生咨询团队从签署本协议的日期开始开展有关此项目的工作。

客户签名：　　　　　　　　　　　　　　　　日期：

顾问团队签名：　　　　　　　　　　　　　　日期：

附录:网络资源推荐

微金所(www.weijinsuo.com)

微金所系中微(北京)信用管理有限公司依托互联网技术,基于工信部中小企业司相关政策扶持,搭建的低成本、高成长、跨区域的 B2B 互联网微信贷资产交易平台,目前已在深圳前海注册“深圳微金所金融信息服务有限公司”(2013 年),并获批互联网金融信息服务资质,为个人及中小微企业打通高速融资通道,同时为理财用户提供高质量的投资项目,借助互联网平台加速推动 300 万元以下、18 个月以内的小额信贷产品交易。

人人贷(www.renrendai.com)

人人贷是基于互联网的 P2P 信用借贷服务平台。借款人通过个人信用申请借款,获得资金;理财人通过公开信息自主选择进行投资,获得收益。

安家世行(www.ianjia.cn)

安家世行投资有限公司是由著名基金软银 SoftBank 投资的第三方融资服务机构,总部设立于北京,为个人消费信贷服务集团——尚诺集团(Sino Credit Corporation,一家致力于消费信贷和小微金融领域的金融服务集团)的核心成员。

资本实验室(www.coinsay.com)

资本实验室创建于 2011 年 8 月,是一个新锐、多元、有趣的创业投资站点,关注创业投资领域的最新进展,探索纷繁背景下的商业趋势。资本实验室长期跟踪创业投资与并购领域的发展,自 2011 年下半年开始,已建立实时更新的创业投资与并购数据库,帮助创业企业、投资机构把握商业与投资机会。

创业邦(www.cyzone.com)

创业邦成立于 2007 年 1 月,由美国国际数据集团(IDG)和清科集团共同投资设立。创业邦致力于成为中国创业类的第一媒体集团,帮助中国新一代的创业者实现创业梦想。创业邦目前已推出创业邦网站(CYZONE. cn)、《创业邦》杂志和各种创业类的活动。创业邦网站(CYZONE.cn) 是中国创业者的资讯门户和互动平台,致力于成为中国创业者的网上家园。《创业邦》杂志致力于成为中国创业者的思想乐园和行动指南,为中国成长中的中小企业提供企业发展中遇到的各种问题的解决办法。此外,创业邦定期举办创业沙龙、项目展示等各种活动,鼎力打造线下互动交流平台,帮助创业者建立、积累和丰富商业伙伴网络和资源。

点名时间(www.demohour.com)

点名时间就是为了帮助那些有想法的人而成立的。无论你设计了一个创意产品,还是想拍摄一部独立电影,抑或想举办音乐演出,你都可以来这里,向大家展示你的想法,只要有足够多的人支持你,就可以去做你想做的事情。

财富创业板(www.cfcyb.com)

财富创业板是中国专注创业板投资的专业财经网站,通过网站平台和各专业频道提供资讯信息,满足互联网用户对创业板财经资讯、投资技巧、上市流程等信息的需求,同时提供创业板互动社区平台,满足用户互动交流和体验分享需求。

中国风险投资网(www.vcinchina.com)

vcinchina.com 是中国领先的风险投资行业网站,成立于 1999 年,为中国众多的创业企业和投资机构提供投融资顾问服务。致力于搭建投资人与项目方完美对接的网络平台,为投融资双方提供网上对接服务。

中国报告库(www.baogaoku.com)

中国报告库是一个报告检索网络平台,收录了近 10 万份研究报告,按用途分类,包括行业/市场研究报告、项目可行性研究报告、投资分析报告、信贷分析报告、定制研究报告等。

国研网(misc.drcnet.com.cn)

国务院发展研究中心信息网(简称"国研网")由国务院发展研究中心主管、北京国研网信息有限公司承办,创建于 1998 年 3 月,是中国著名的专业性经济信息服务平台。

中国金融网(www.zgjrw.com)

中国金融网(简称中金网) 创建于 2002 年 10 月 1 日,是由亚洲金控(北京)投资有限公司控股,中金网投(北京)数字网络技术有限公司主办的大型金融网站,是中文金融门户和中国金融领域的网上新闻、信息中心,是金融数据及财经信息提供商。

中国社会科学网(www.cssn.cn)

由中国社会科学院主办,是中国社会思想碰撞的阵地。

恩派公益(www.enpai.org.cn)

恩派机构培育和扶持初创期公益组织发展,积累了许多公益创业方面的成功案例。

后　记

小微企业成长过程中面对的问题及其解决问题的方式与进入稳定发展阶段的企业是不同的,教材的编写应该充分考虑这种差异,并尽可能发现更高层次的知识。

教材不同于指导手册,指导手册对个别问题提供了针对性的解决方法,而教材需要具有支持学习者独立发现问题与开发方案的功能。这套教材虽然重视实务,但更倾向于知识的整理与提炼。

但是限于编写团队的能力及相关条件,这套教材仍有不足之处,在内容与形式上均有诸多需要改善的地方。我们非常感谢广州市职业能力培训指导中心能用可持续发展的思路考虑这个项目,并且支持进行后续开发。我们也真诚欢迎各位读者、各位同行、各位专家提出宝贵意见或建议。

来函请寄:广州市番禺区青山湖广州番禺职业技术学院管理学院,511483

或者发送电子邮件:tanfh@gzpyp.edu.cn

广州番禺职业技术学院创业教育中心

2015 年 3 月 1 日